come disegnare
101 FIORI

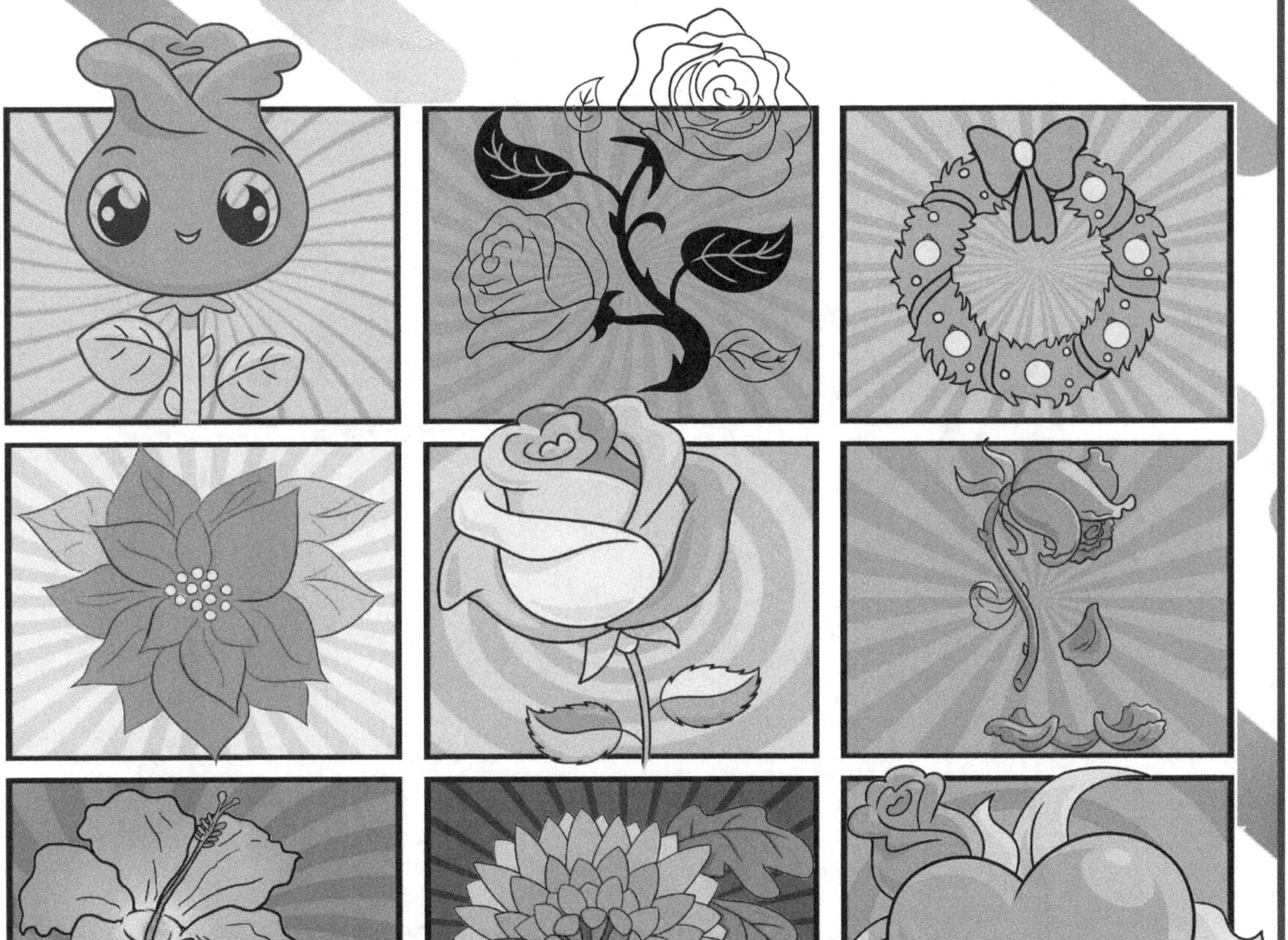

BY ; **ART MARIA GARCIA**

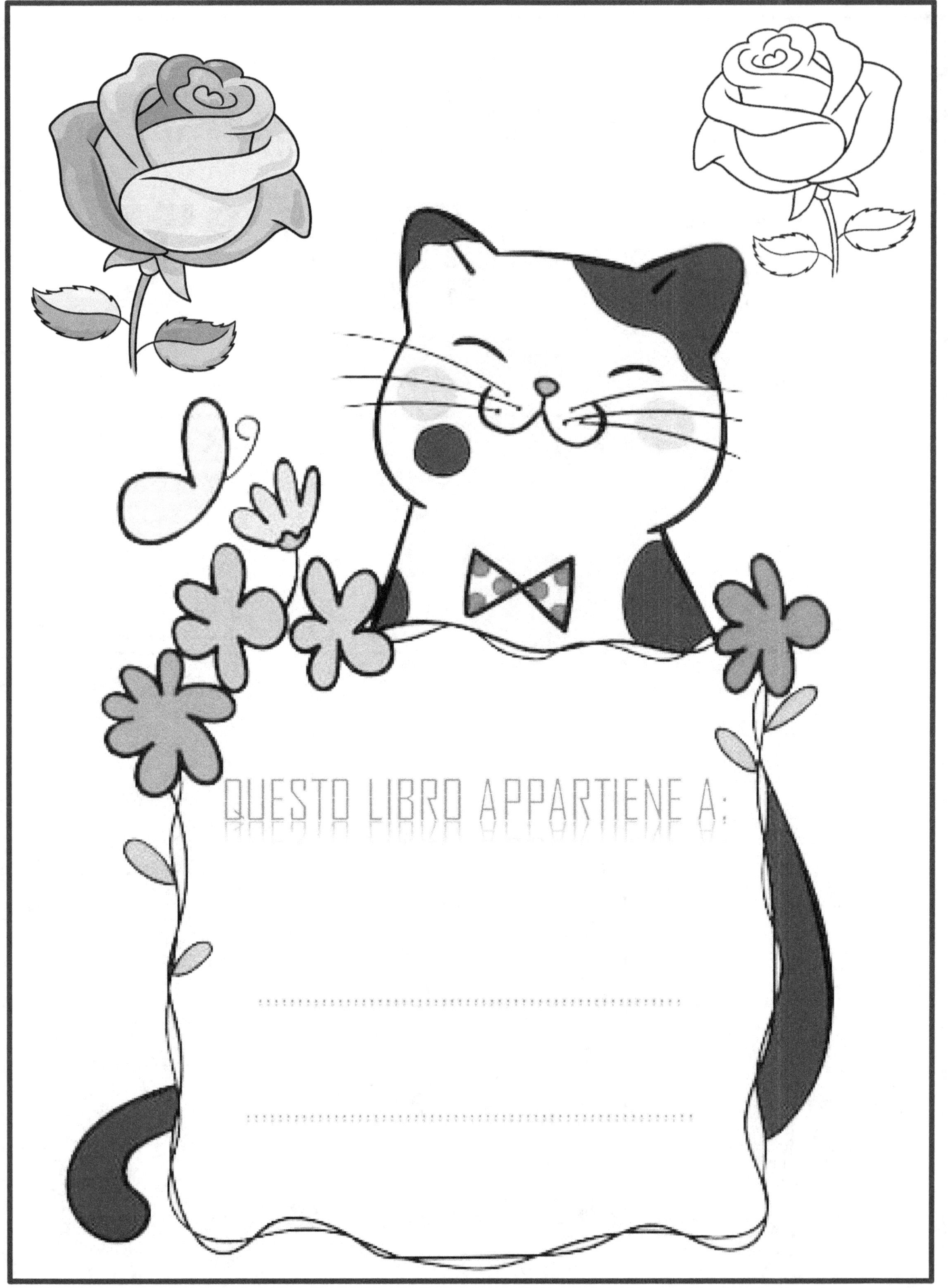

QUESTO LIBRO APPARTIENE A:

101 FIORI

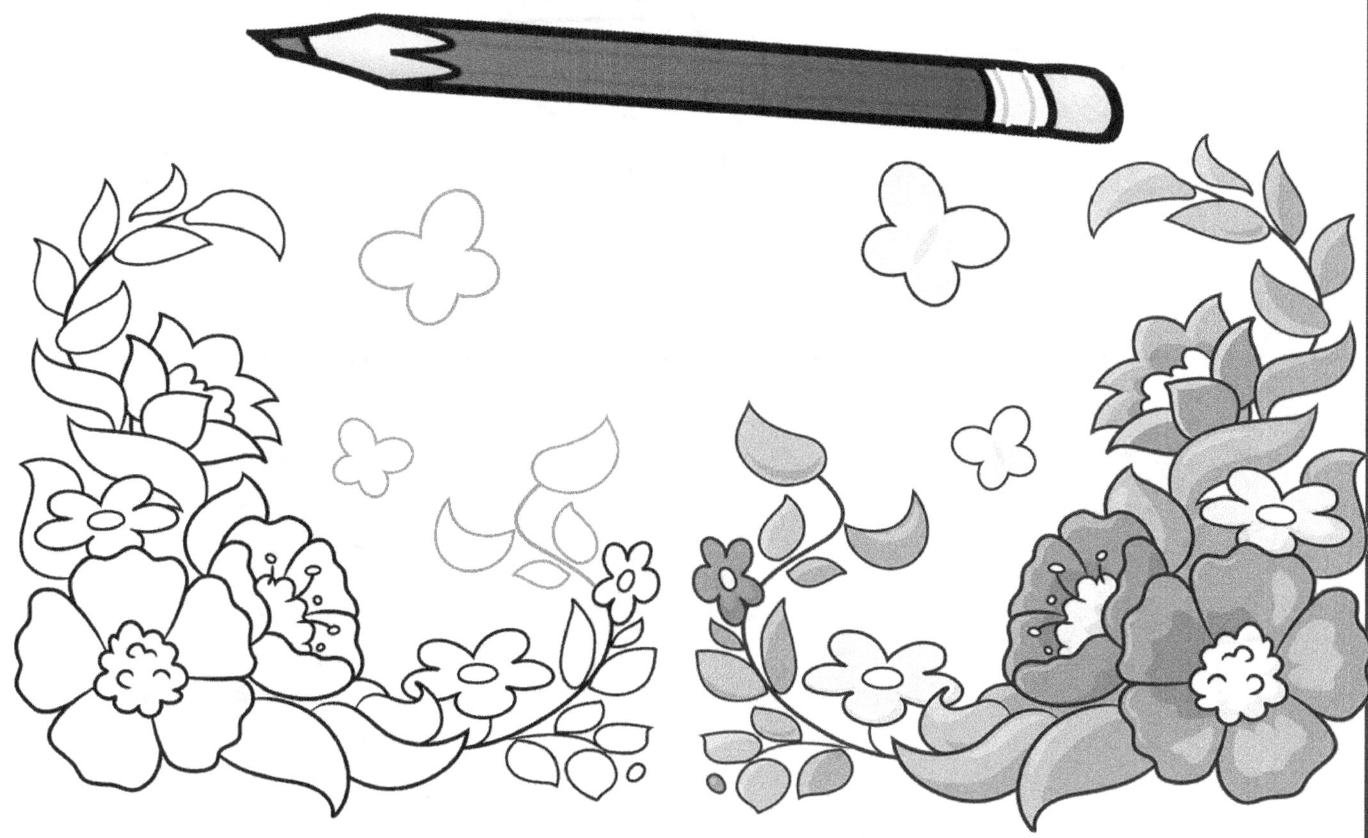

Tutto ciò di cui hai bisogno: carta da disegno, matite, gomme, temperamatite, penne, matite... e tanta creatività.

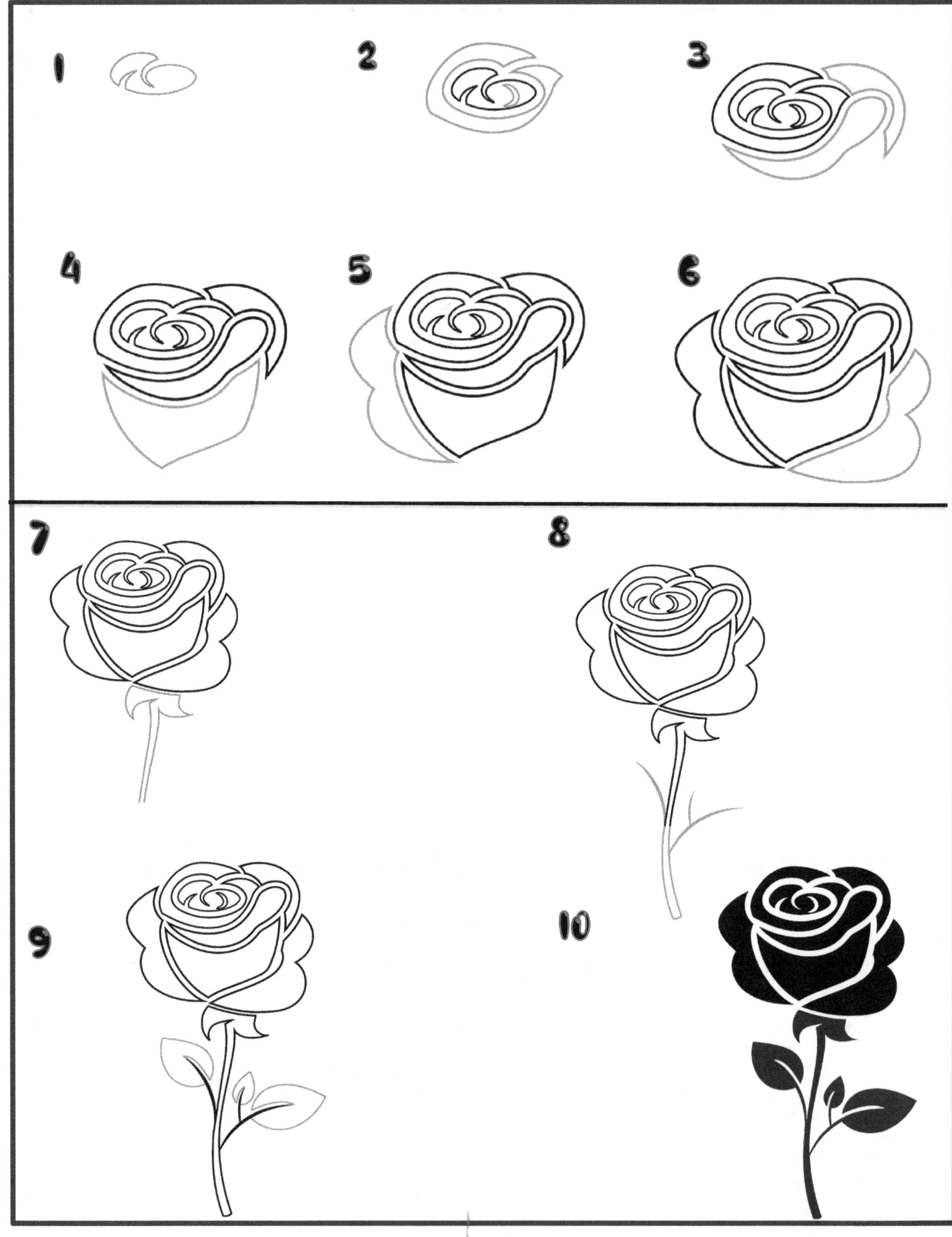

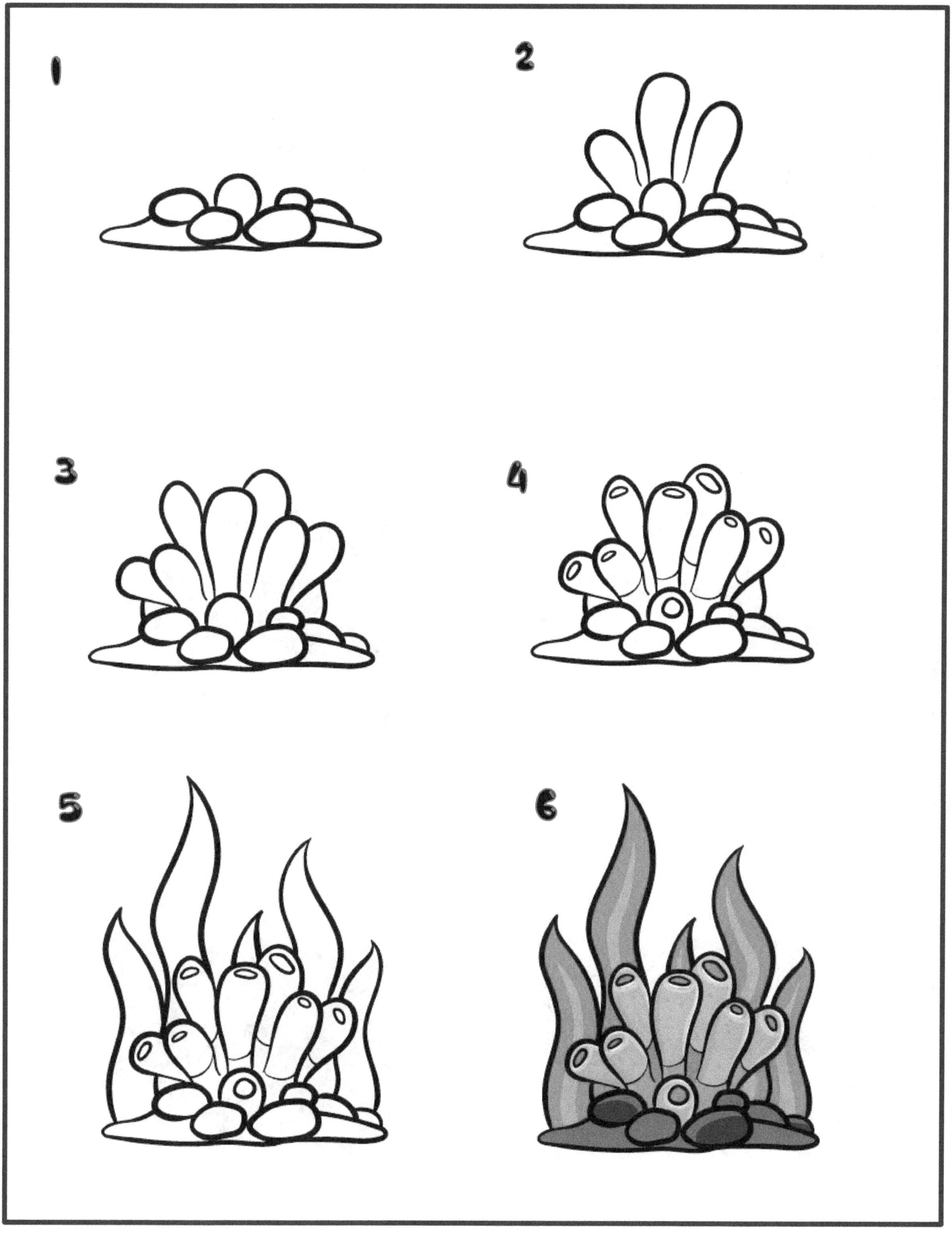

1

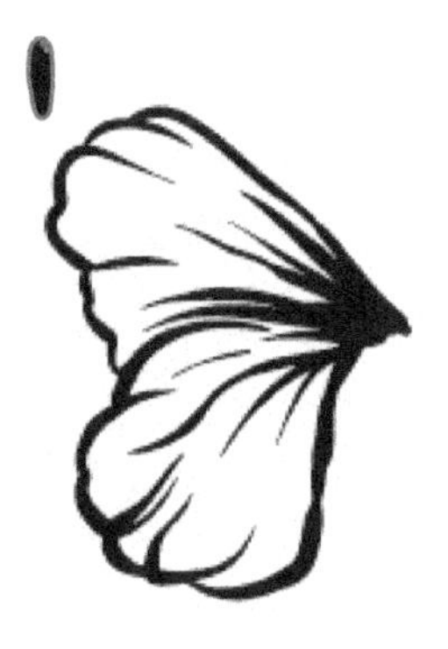

2

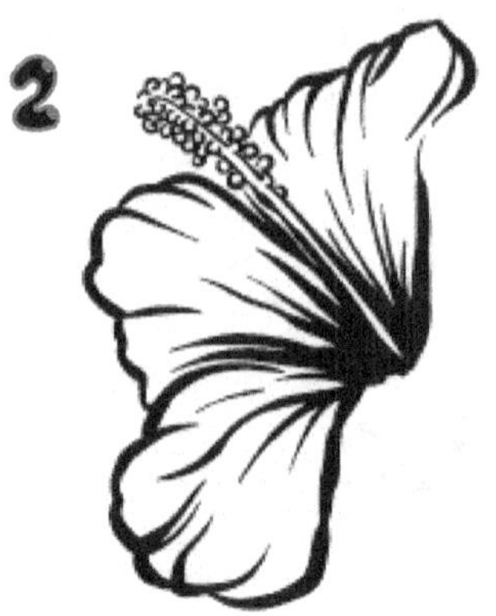

3

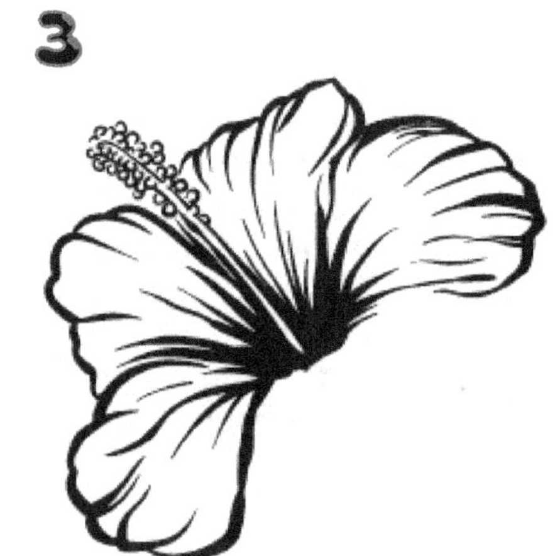

4

5

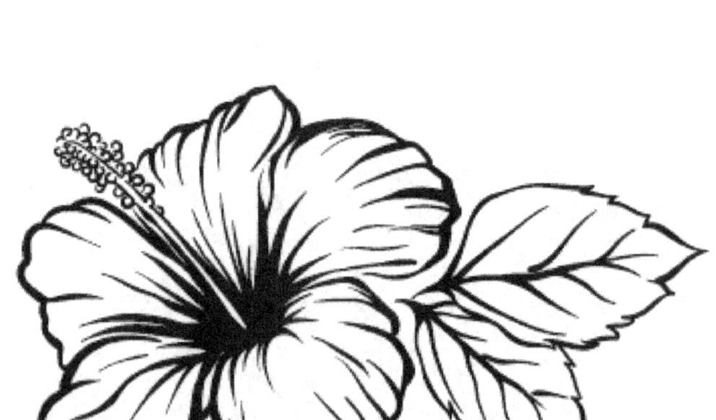

6

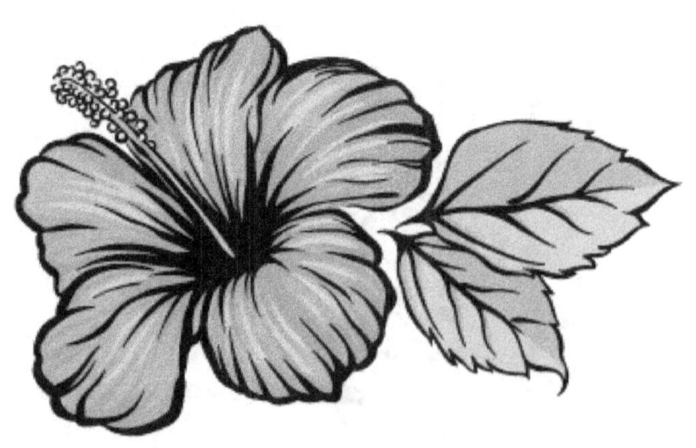

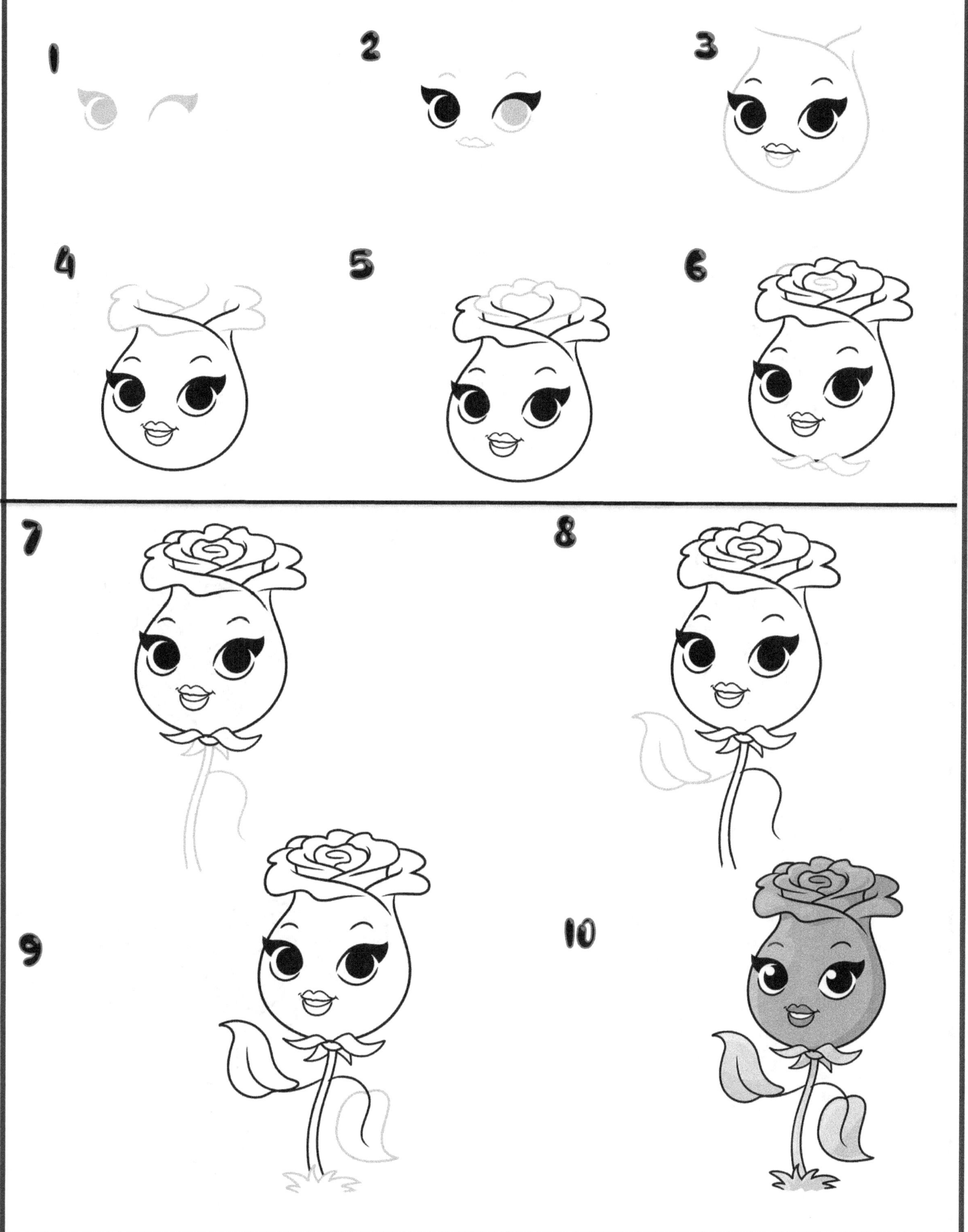

1
2
3
4
5
6
7
8
9
10

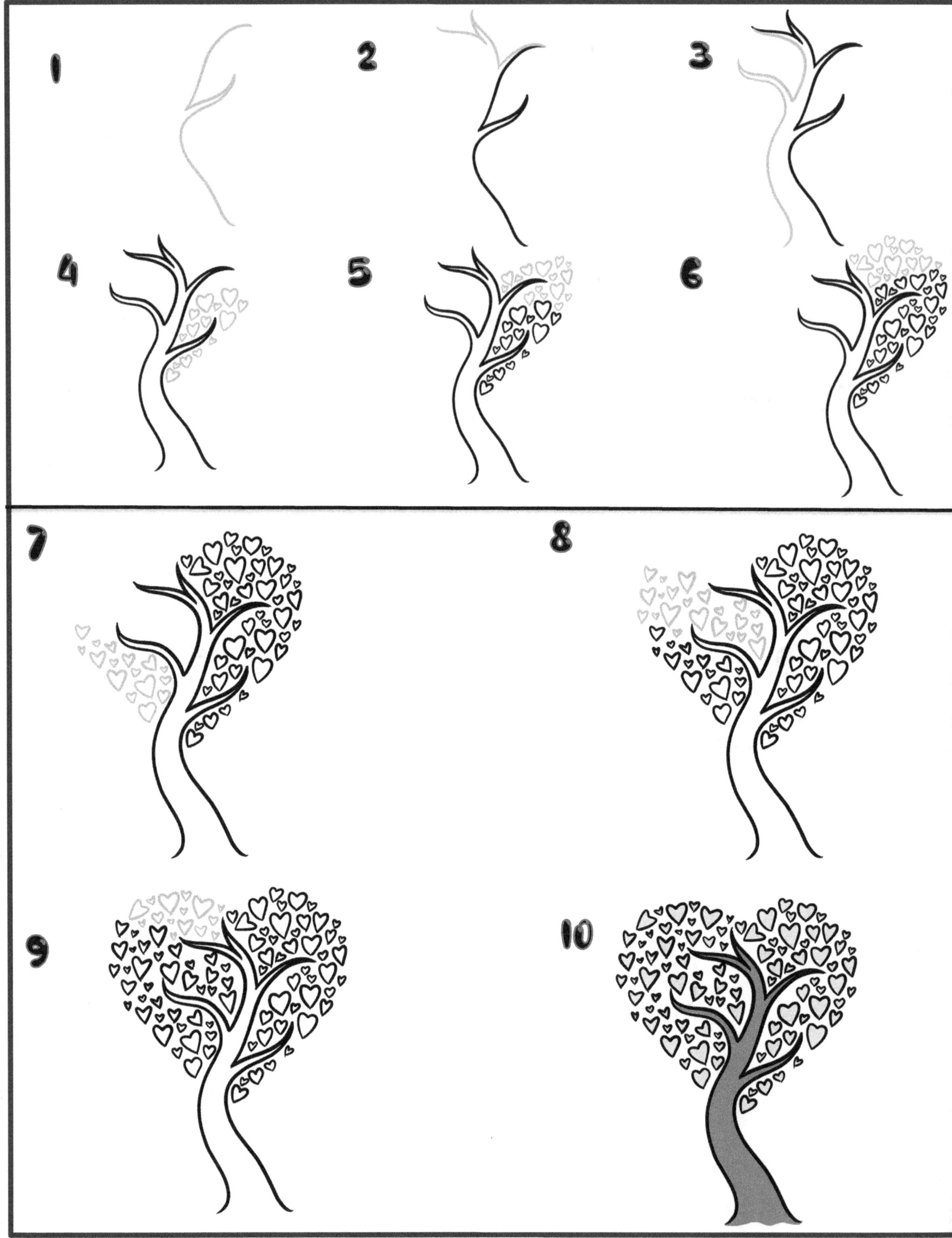

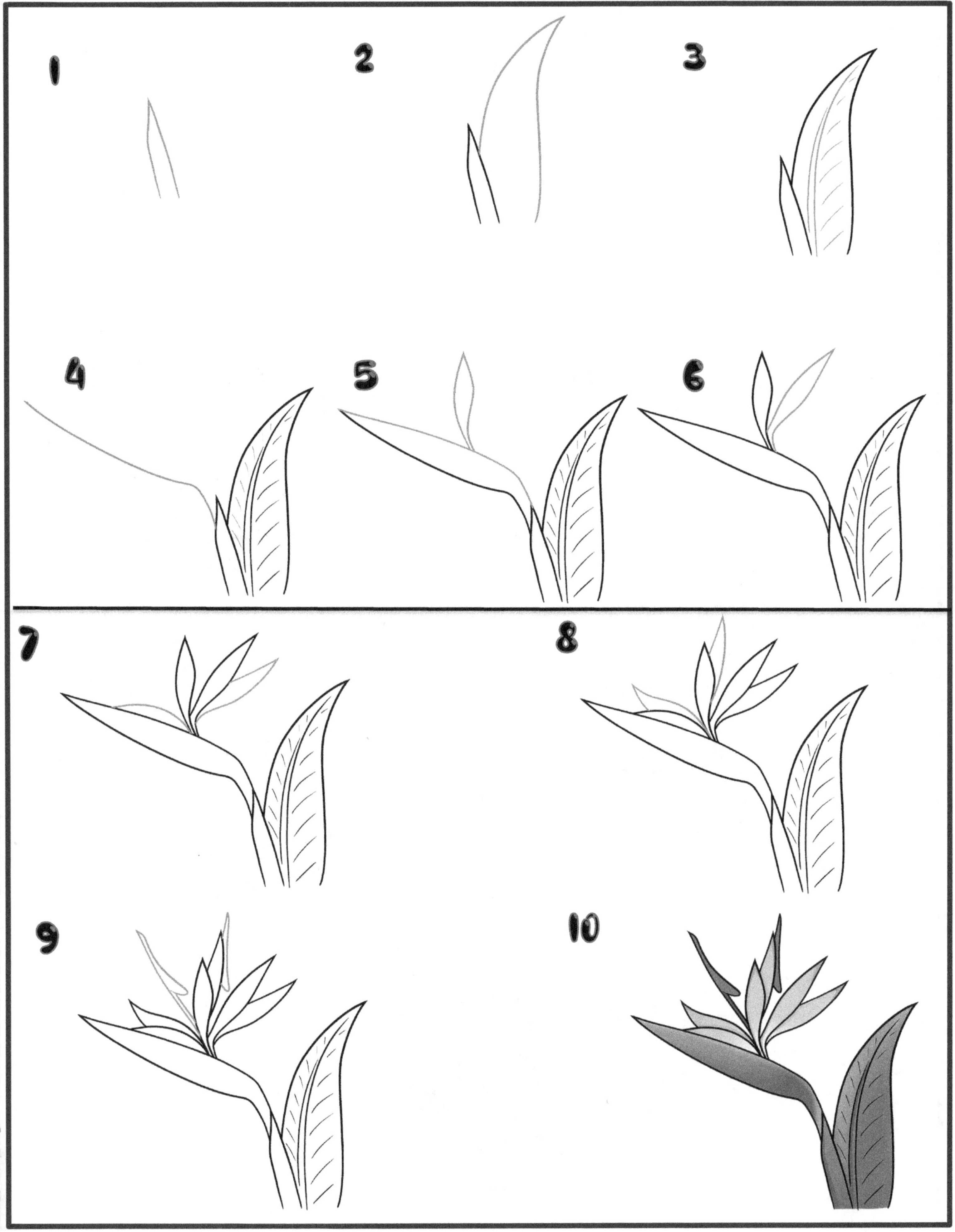

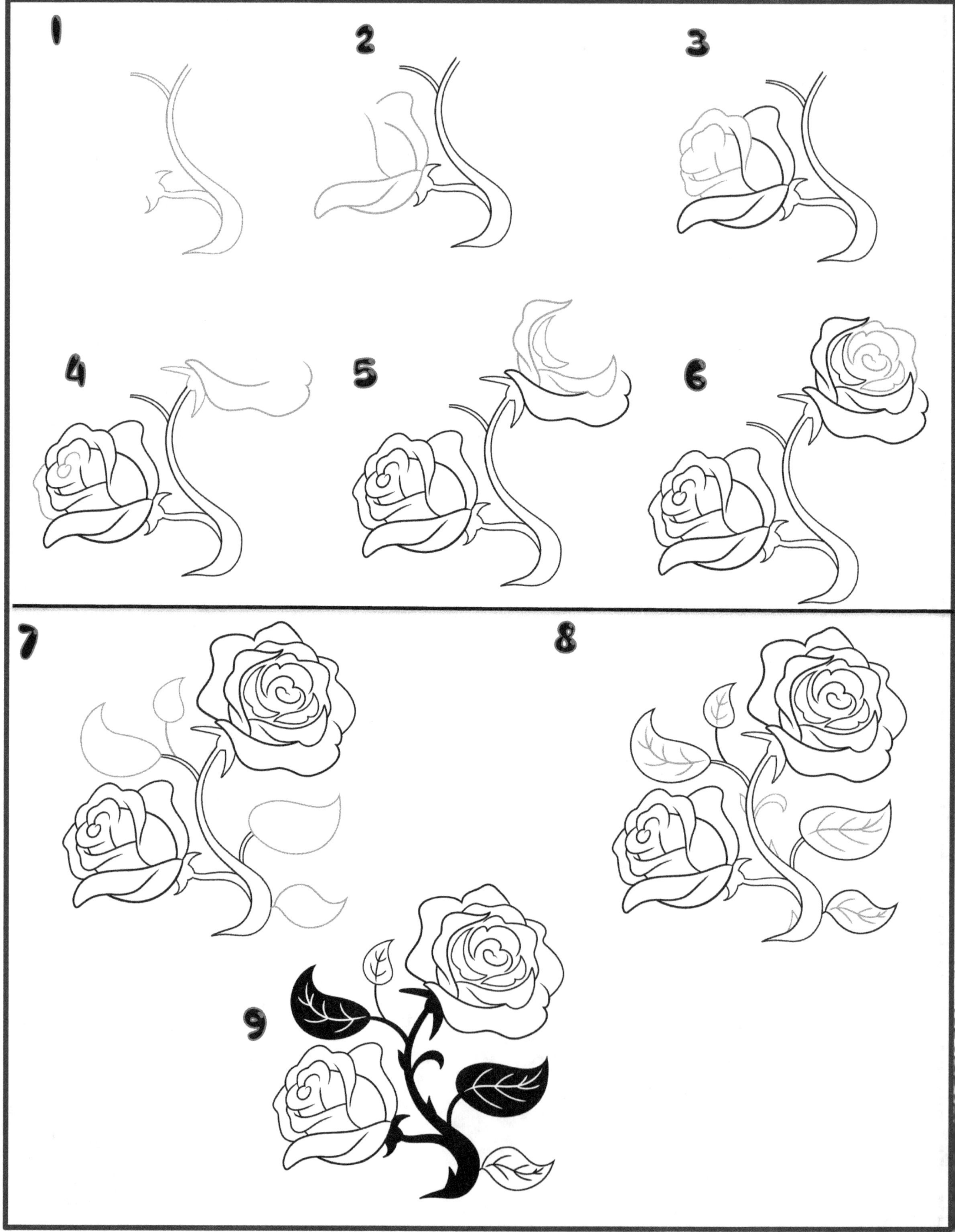

1
2
3
4
5
6
7
8
9

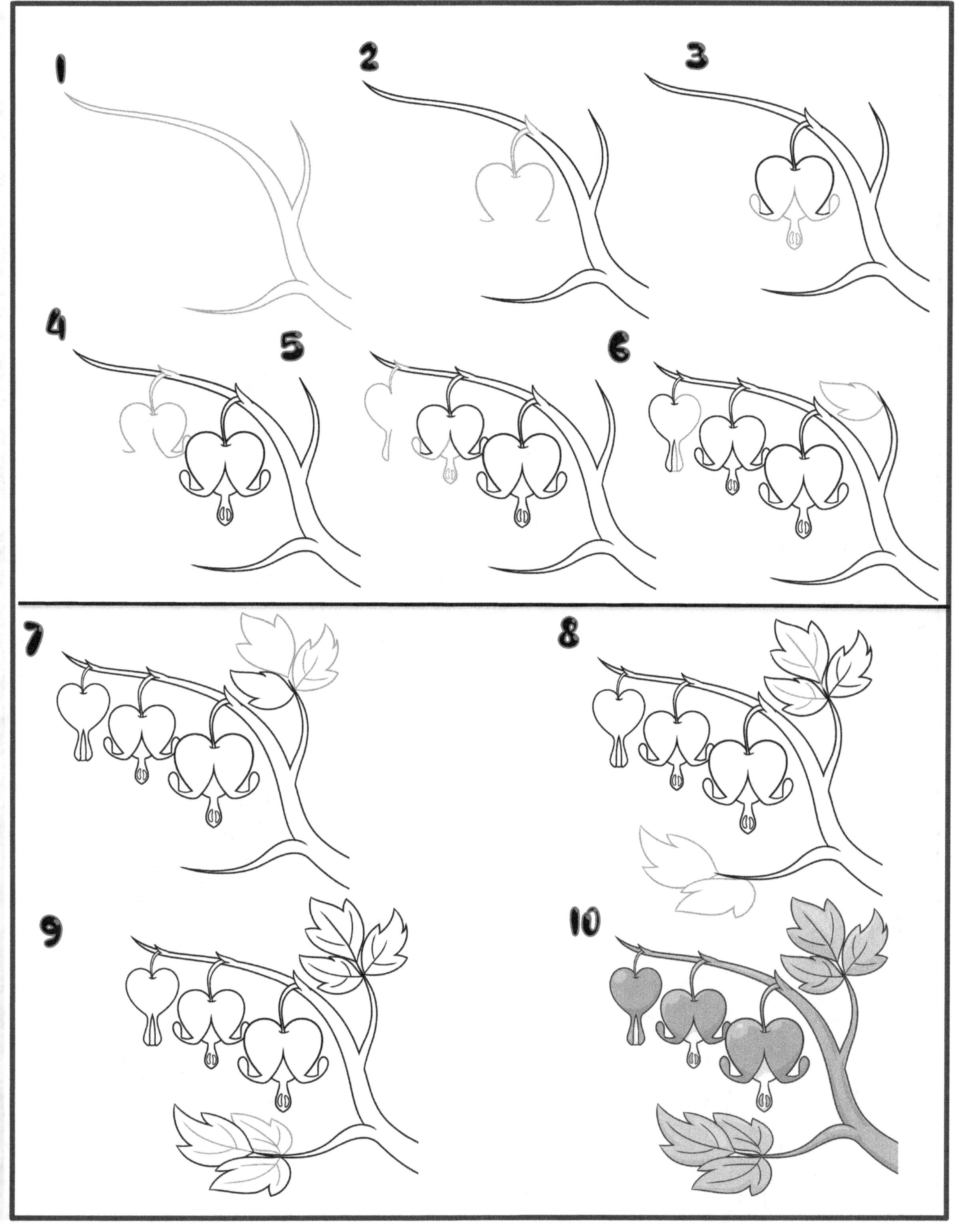

1
2
3
4
5
6
7
8
9
10

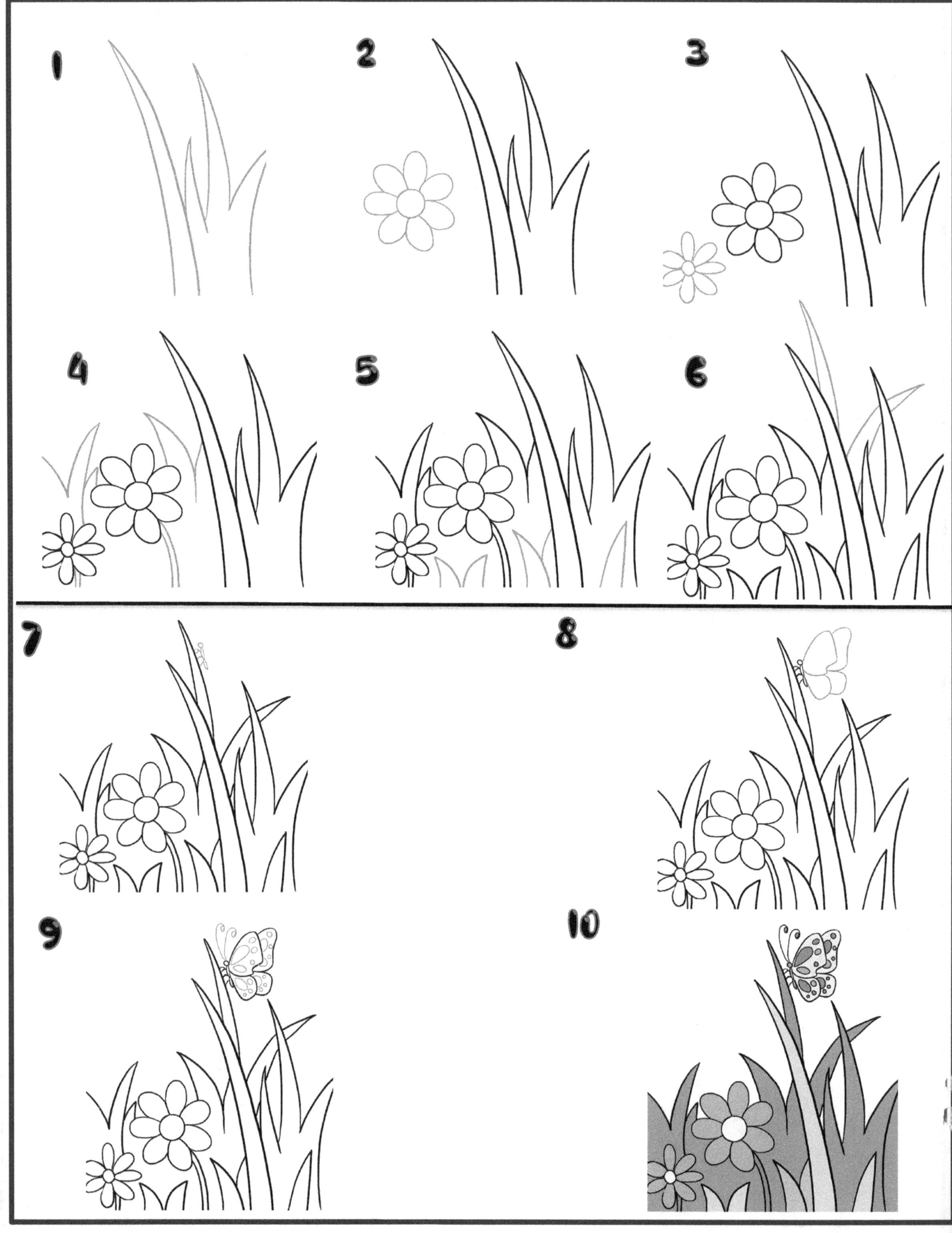

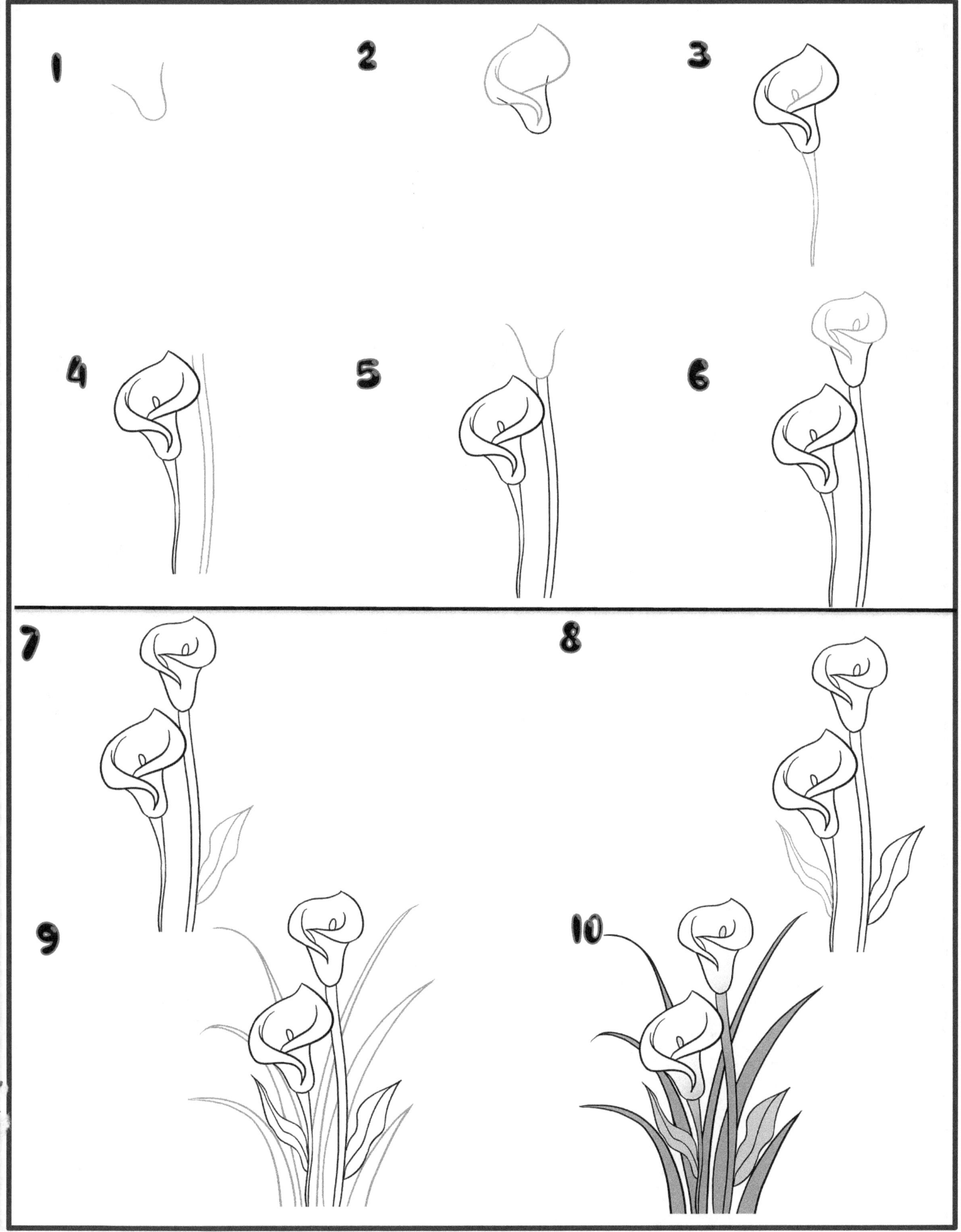

1
2
3
4
5
6
7
8
9
10

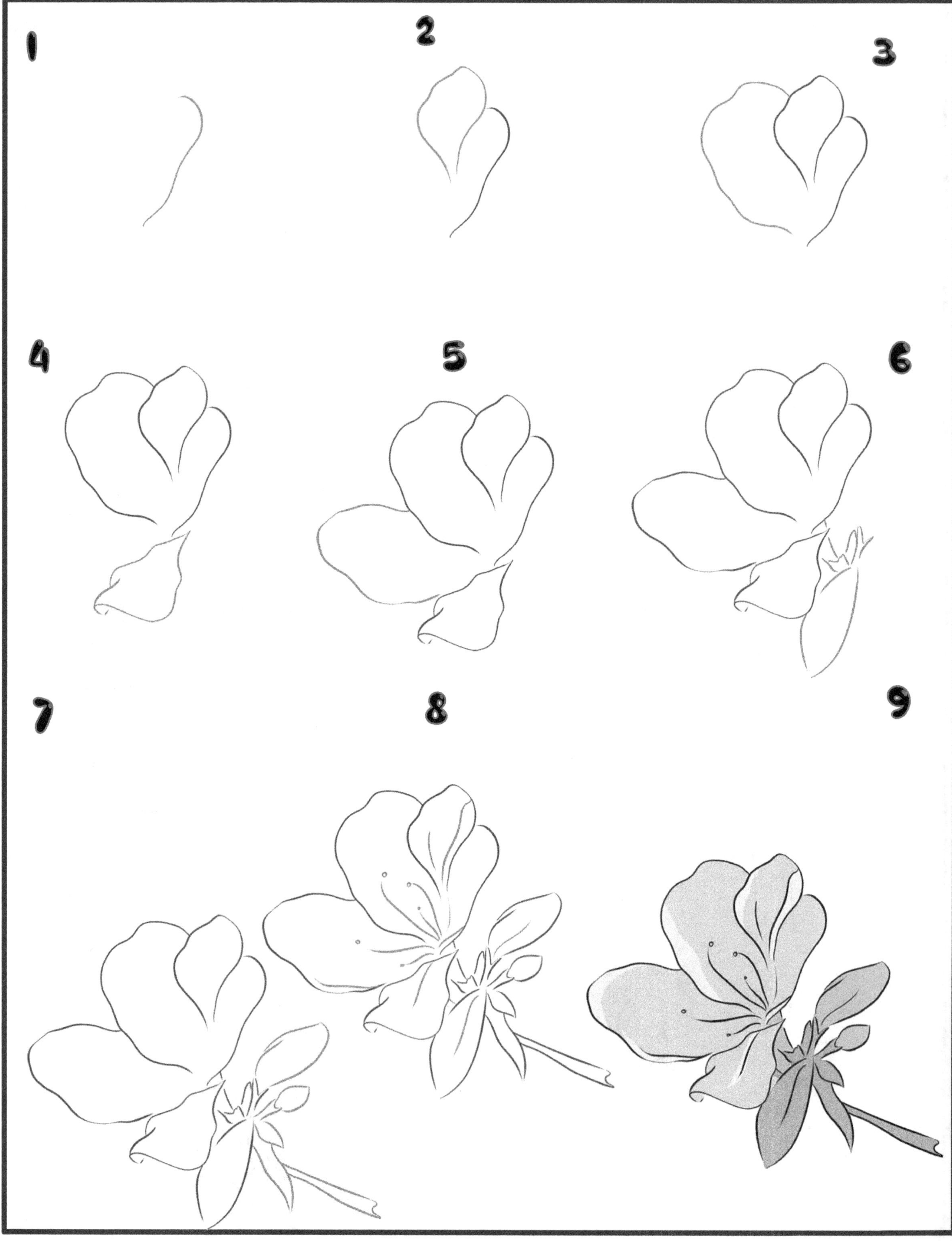

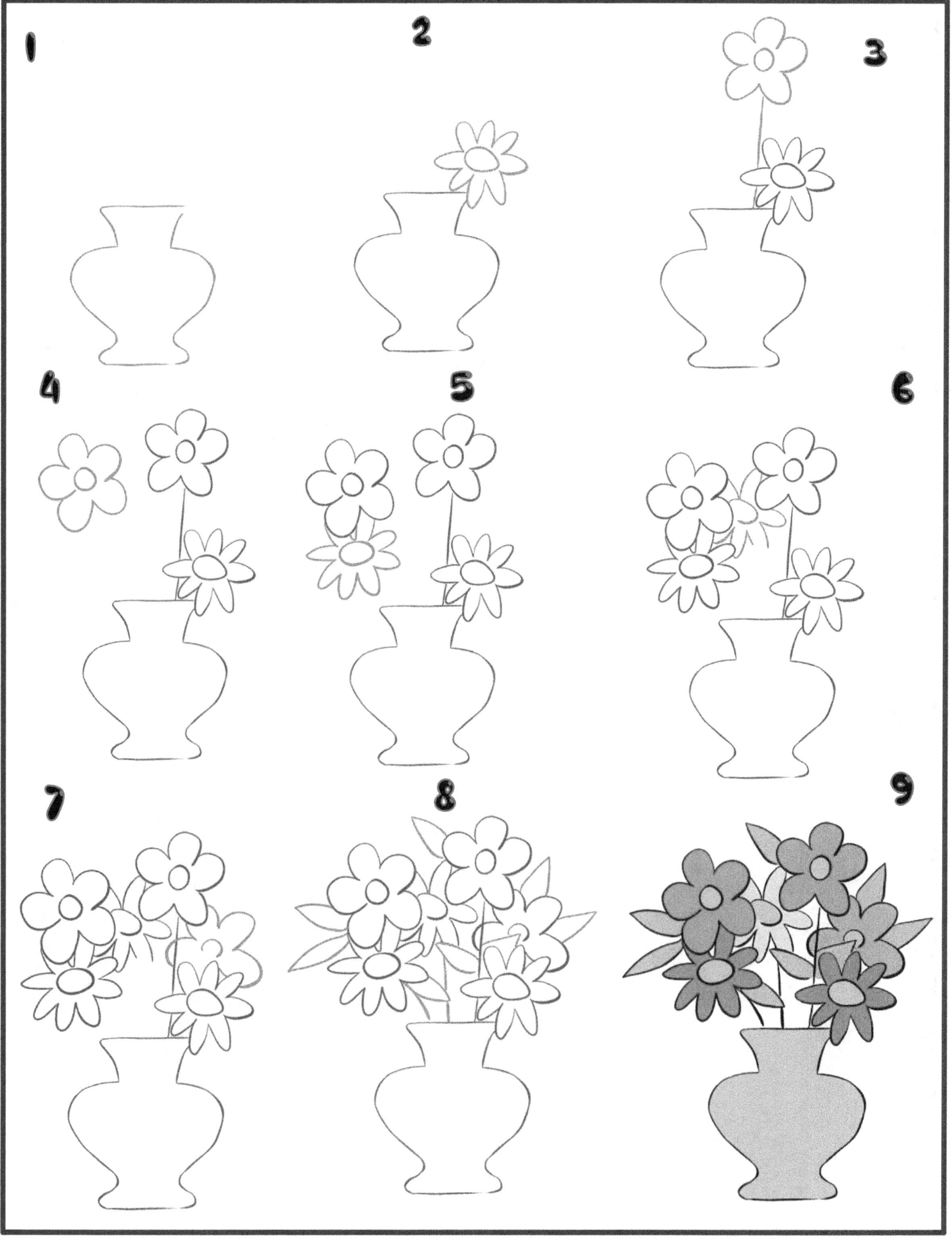

1
2
3
4
5
6
7
8
9

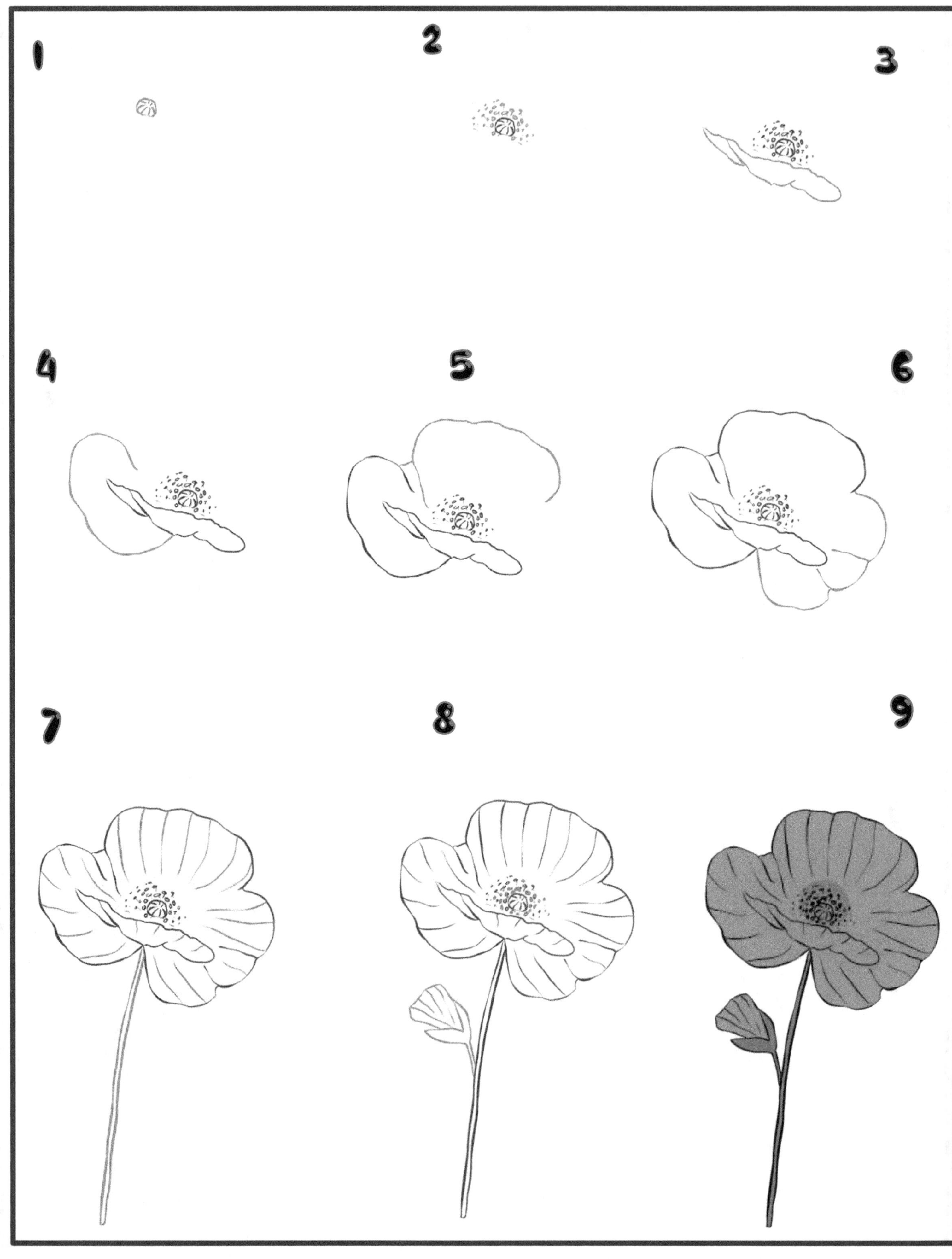

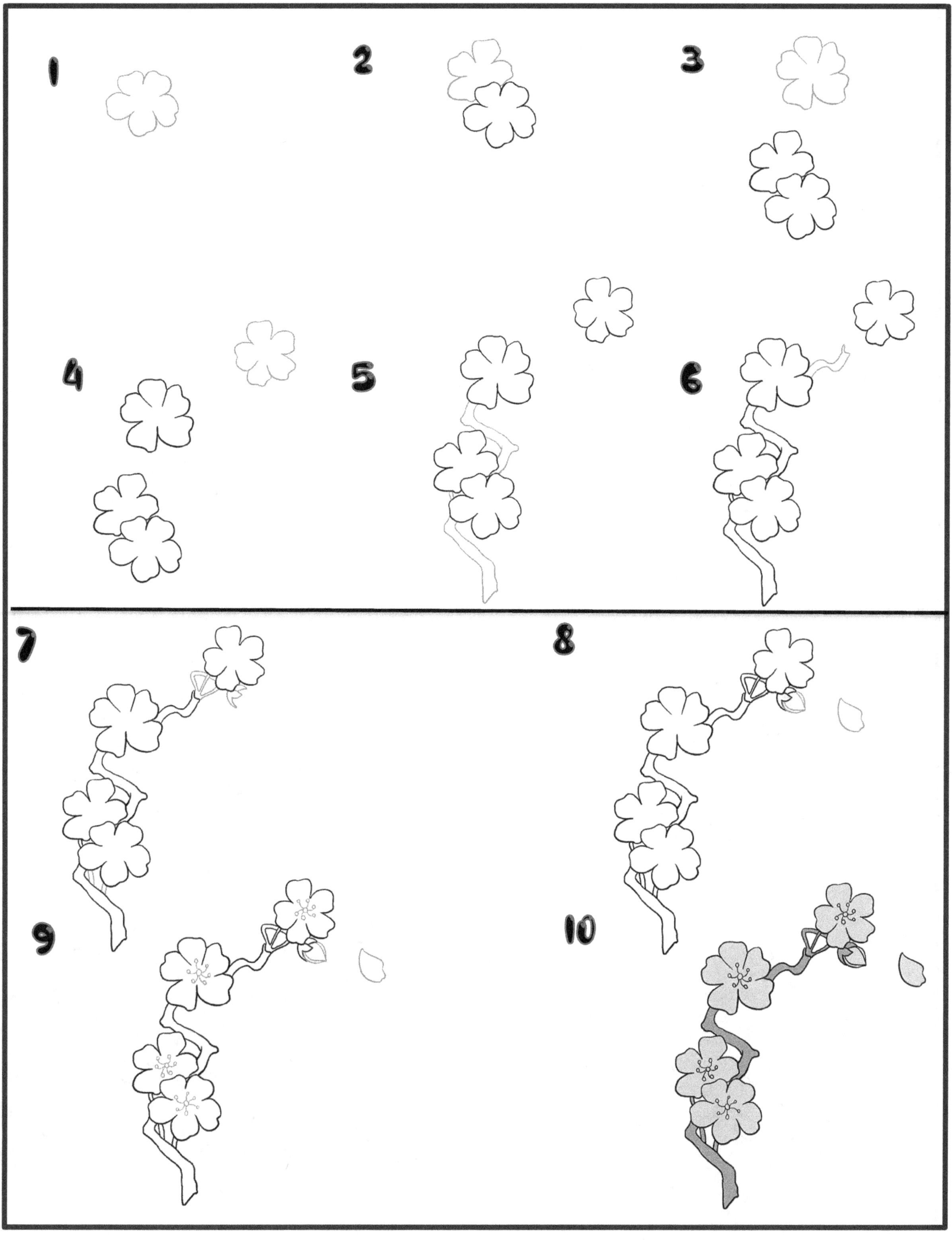

1
2
3
4
5
6
7
8
9
10

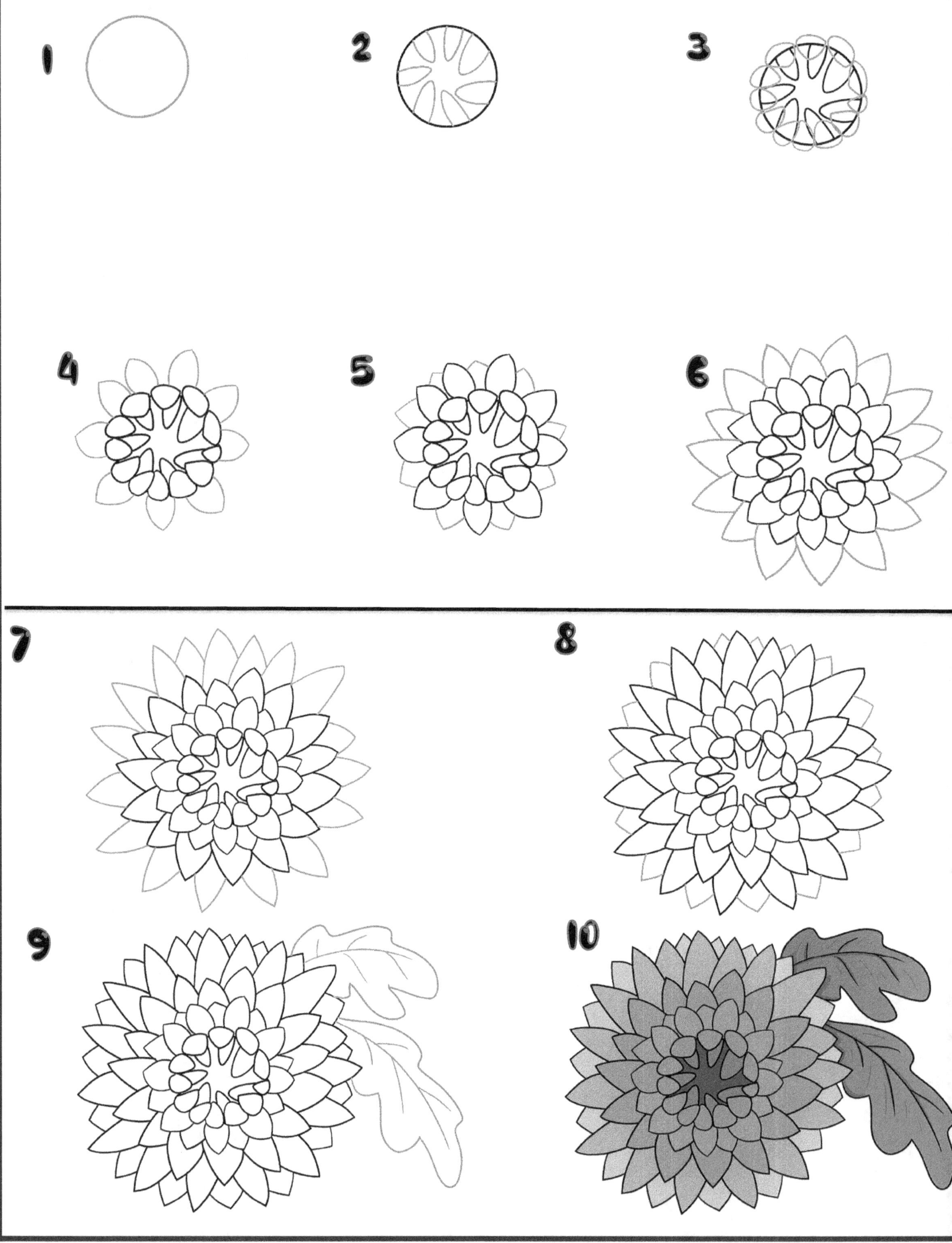

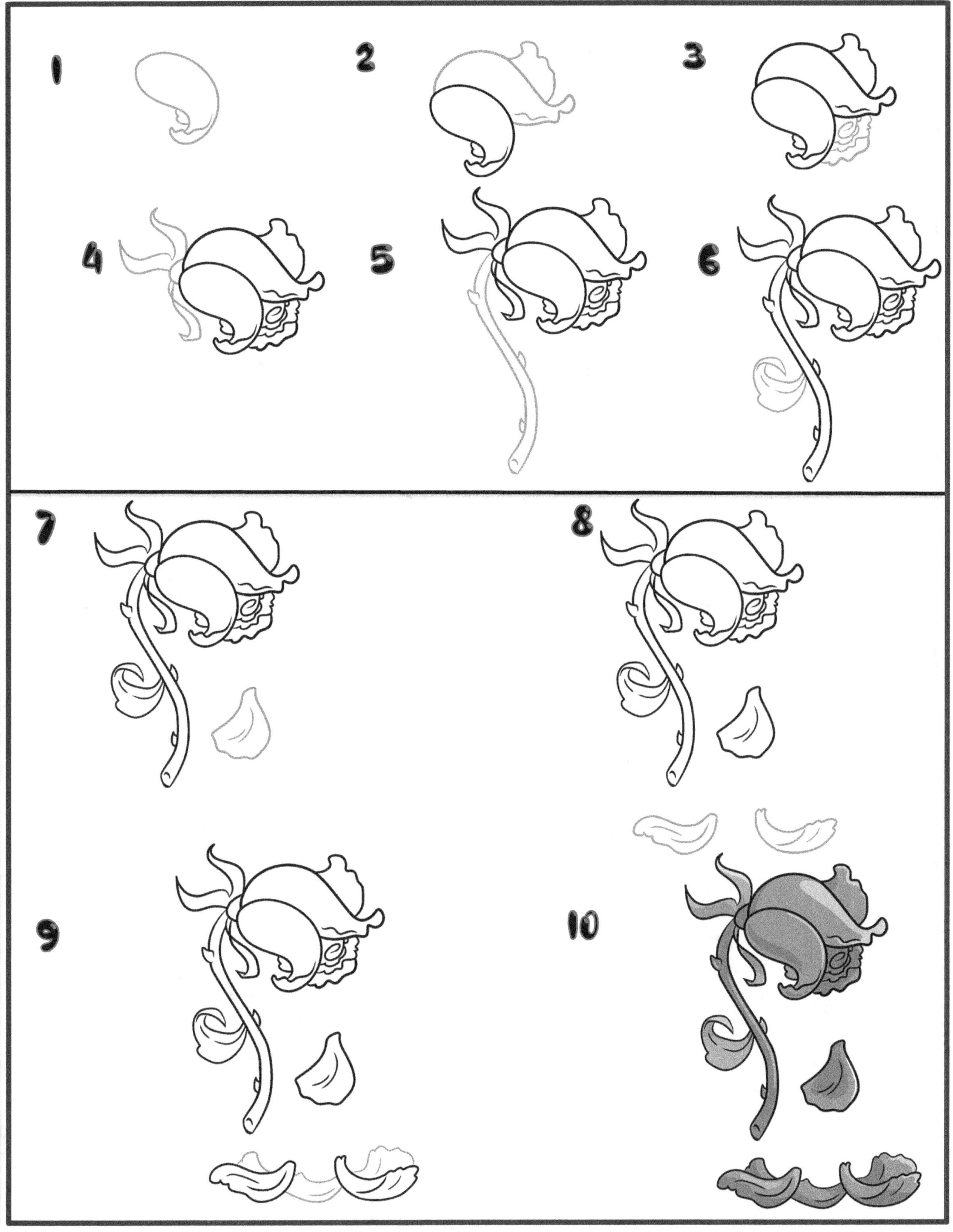

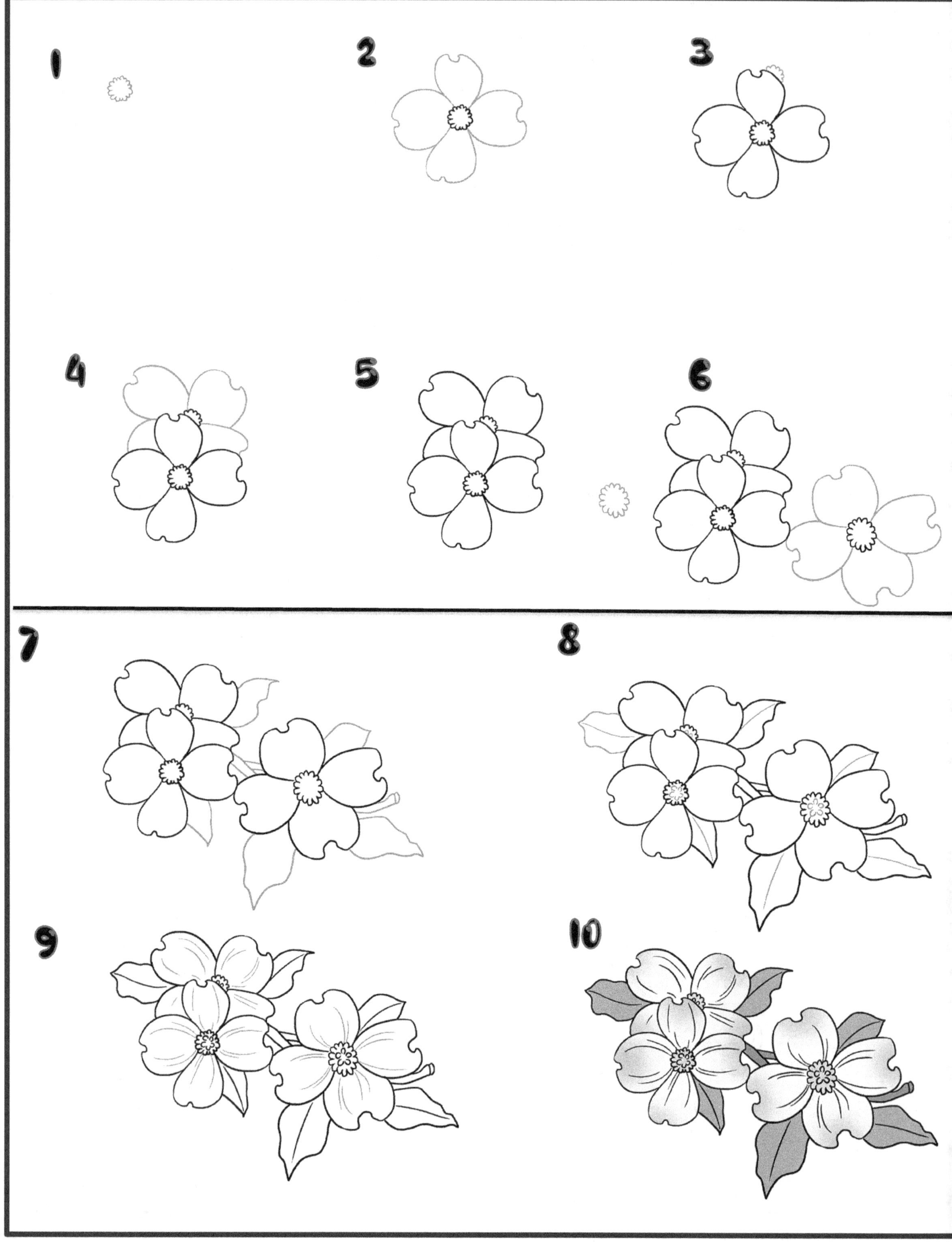

1
2
3
4
5
6
7
8
9
10

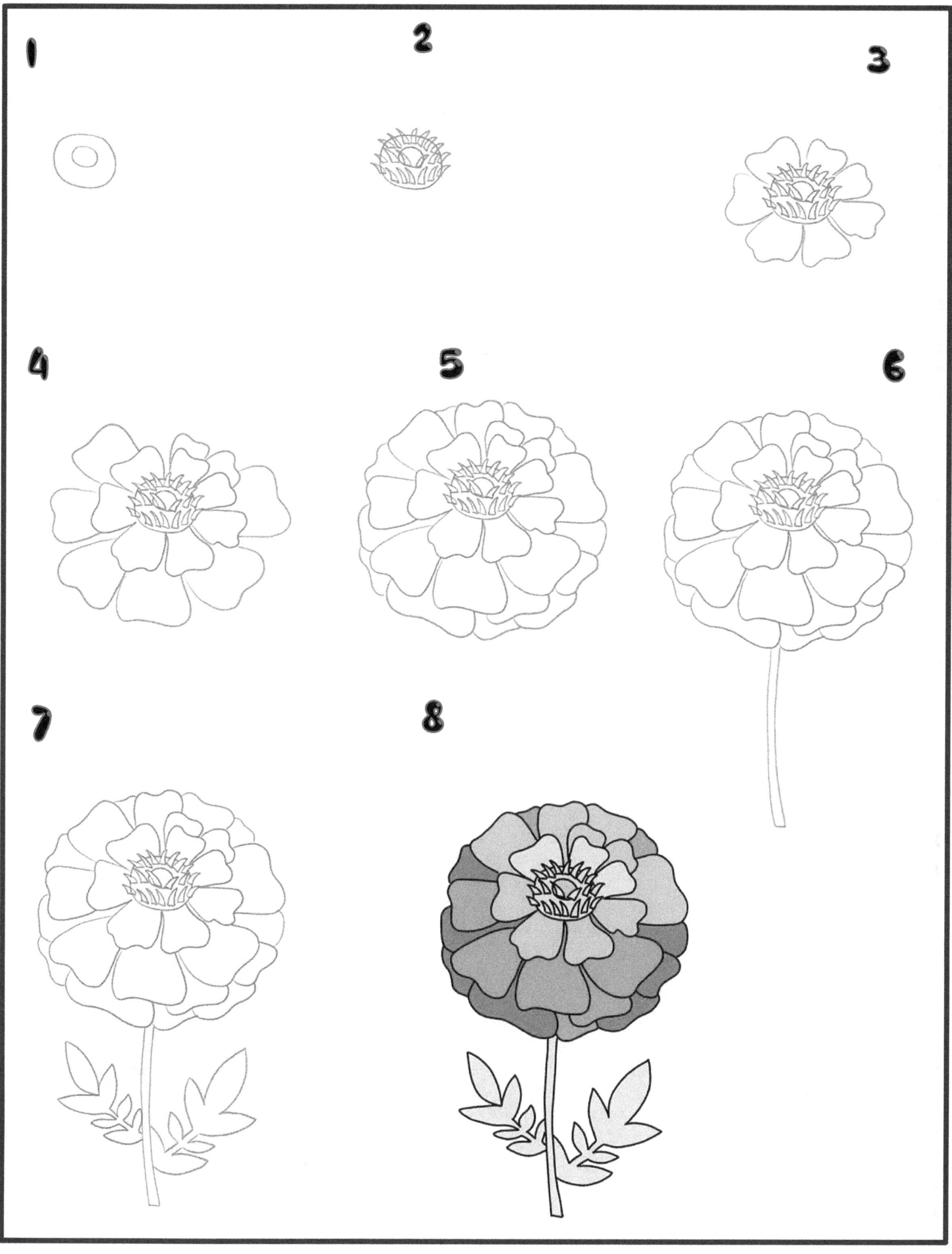
1
2
3
4
5
6
7
8

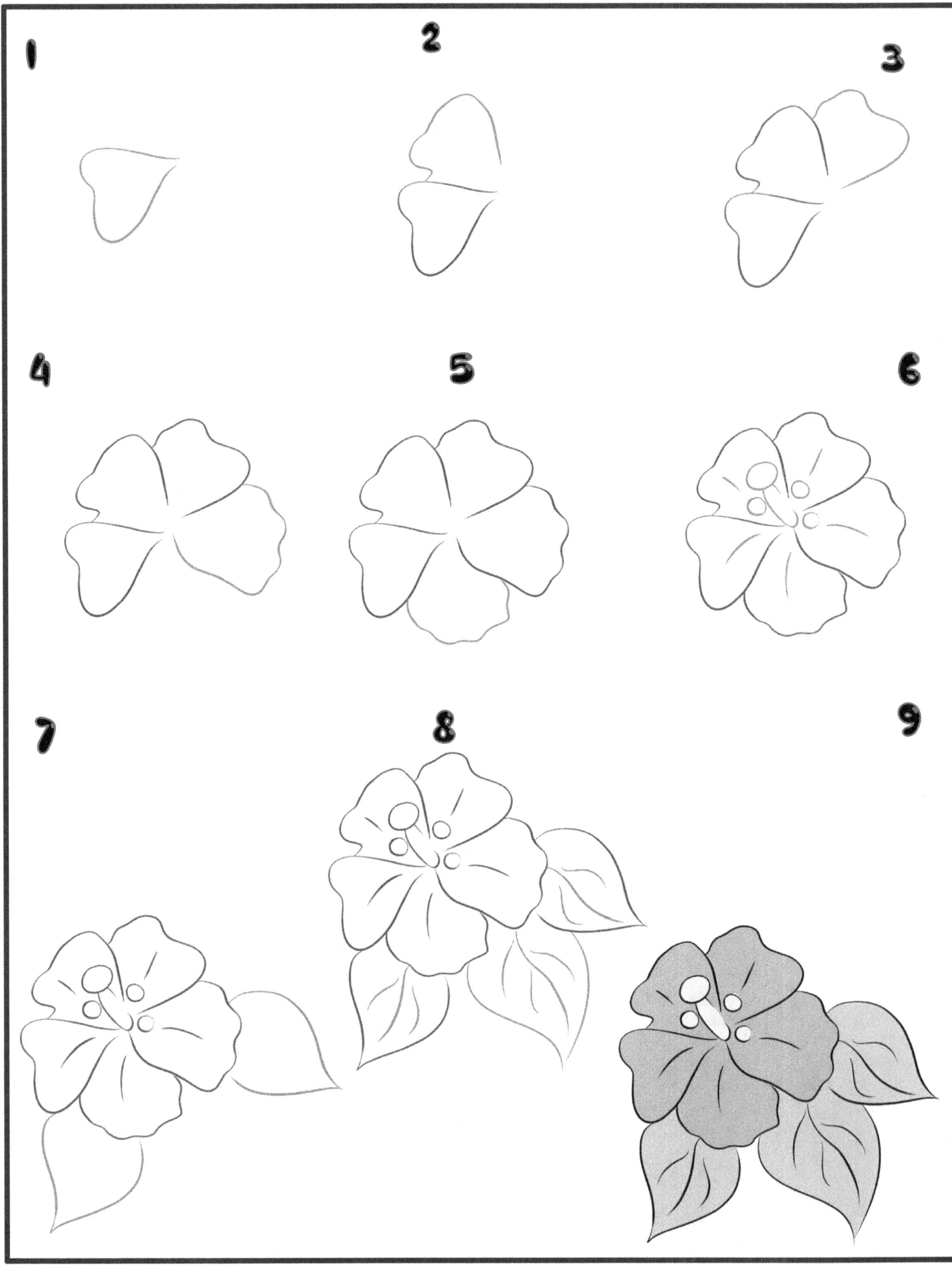
1
2
3
4
5
6
7
8
9

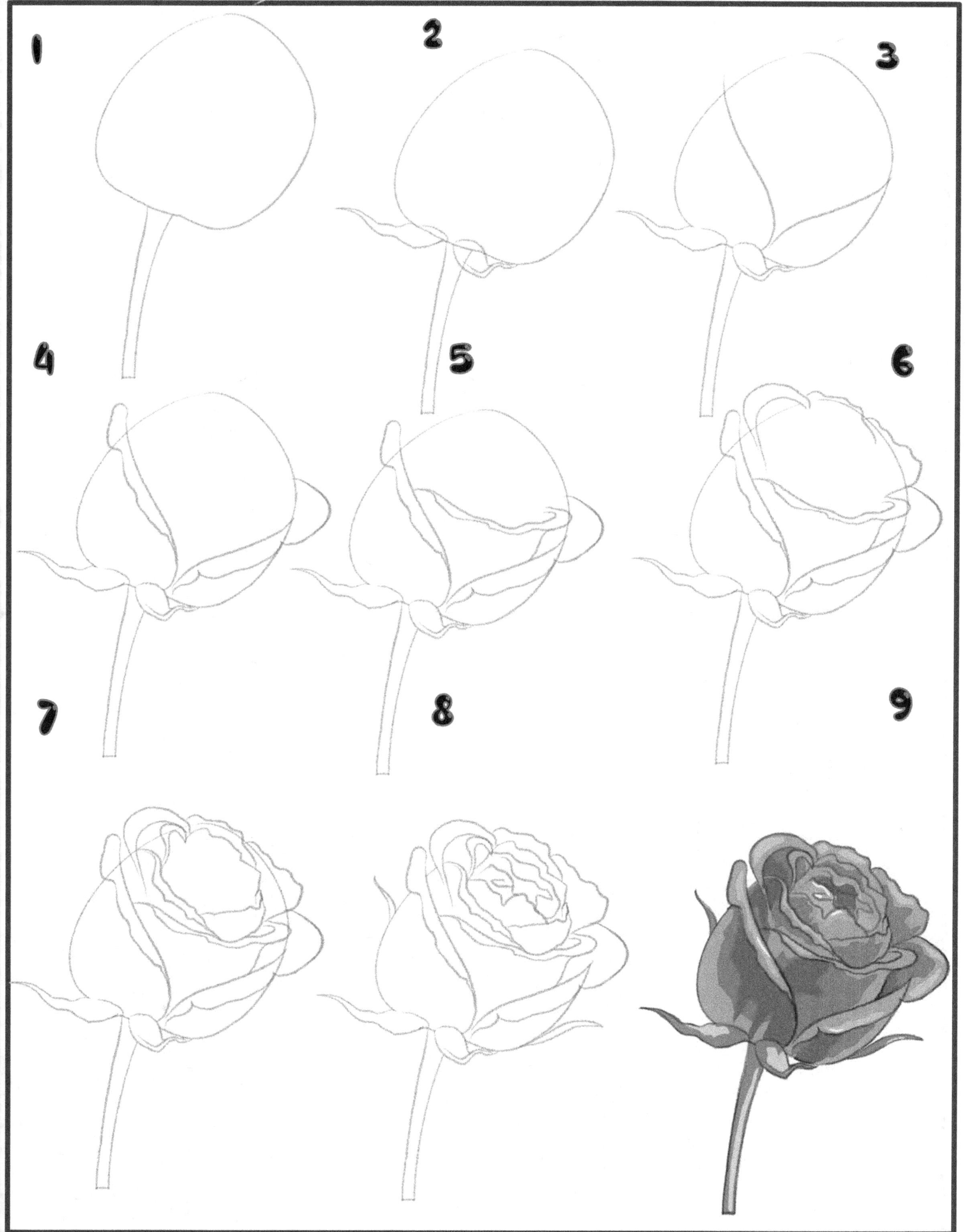

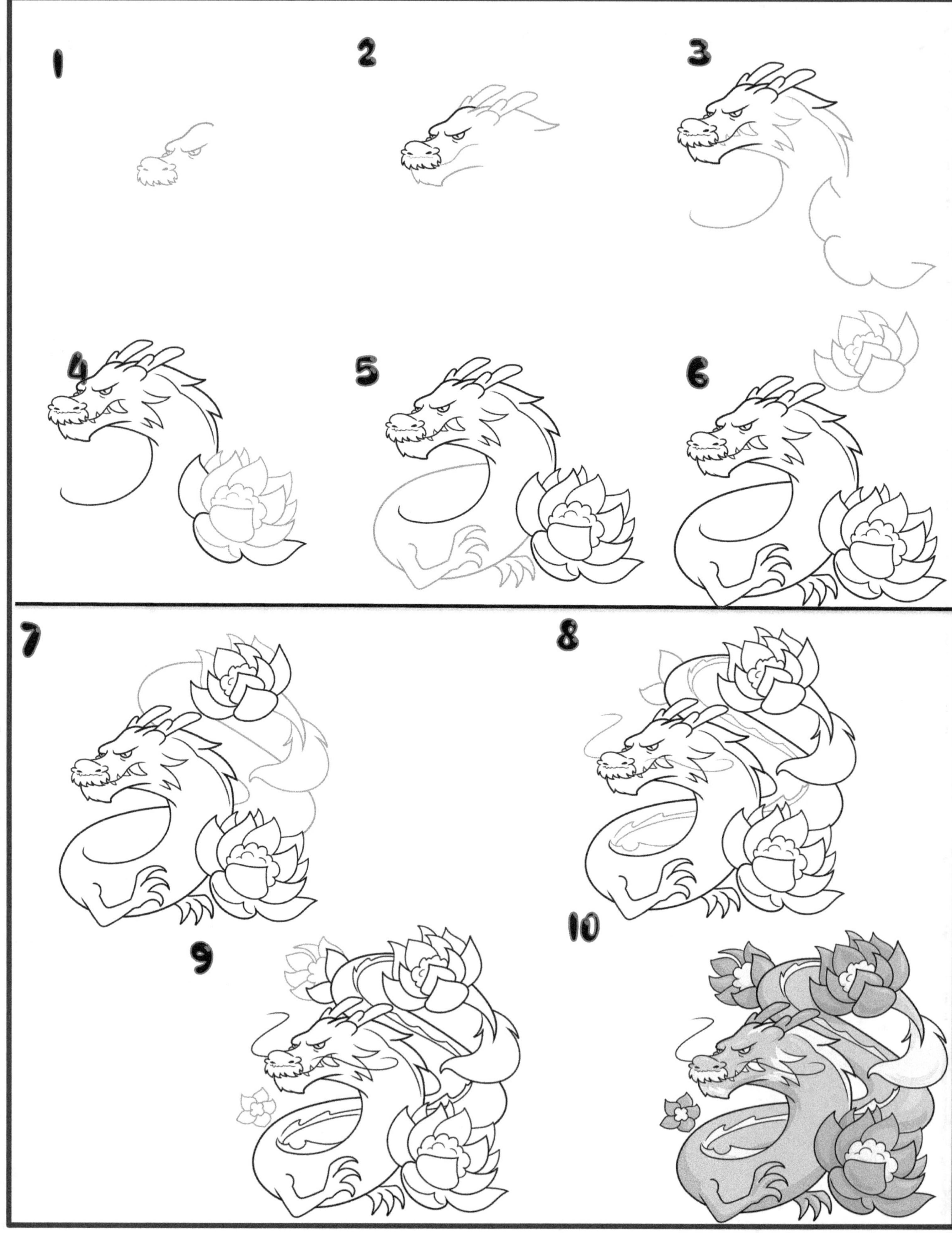

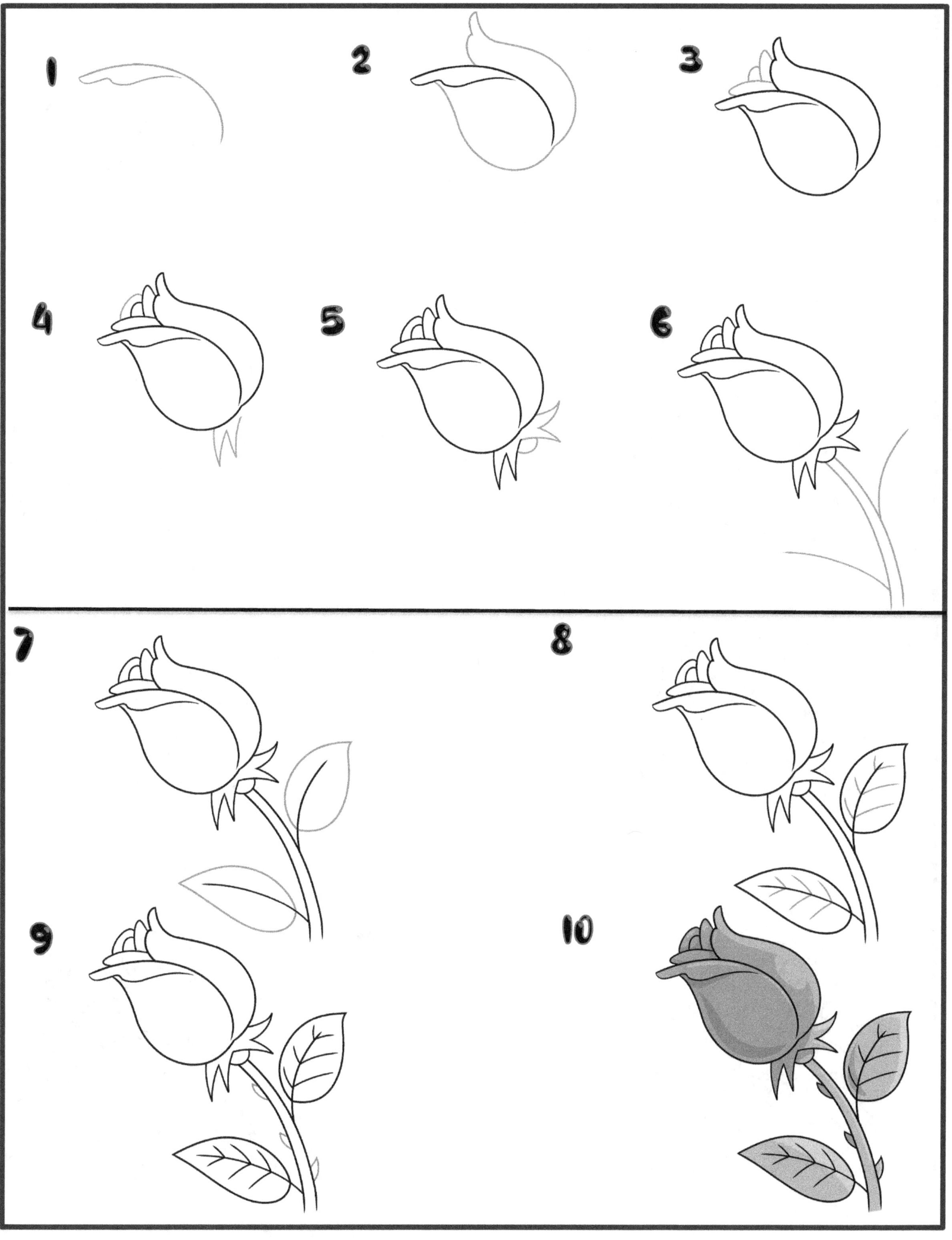

1
2
3
4
5
6
7
8
9
10

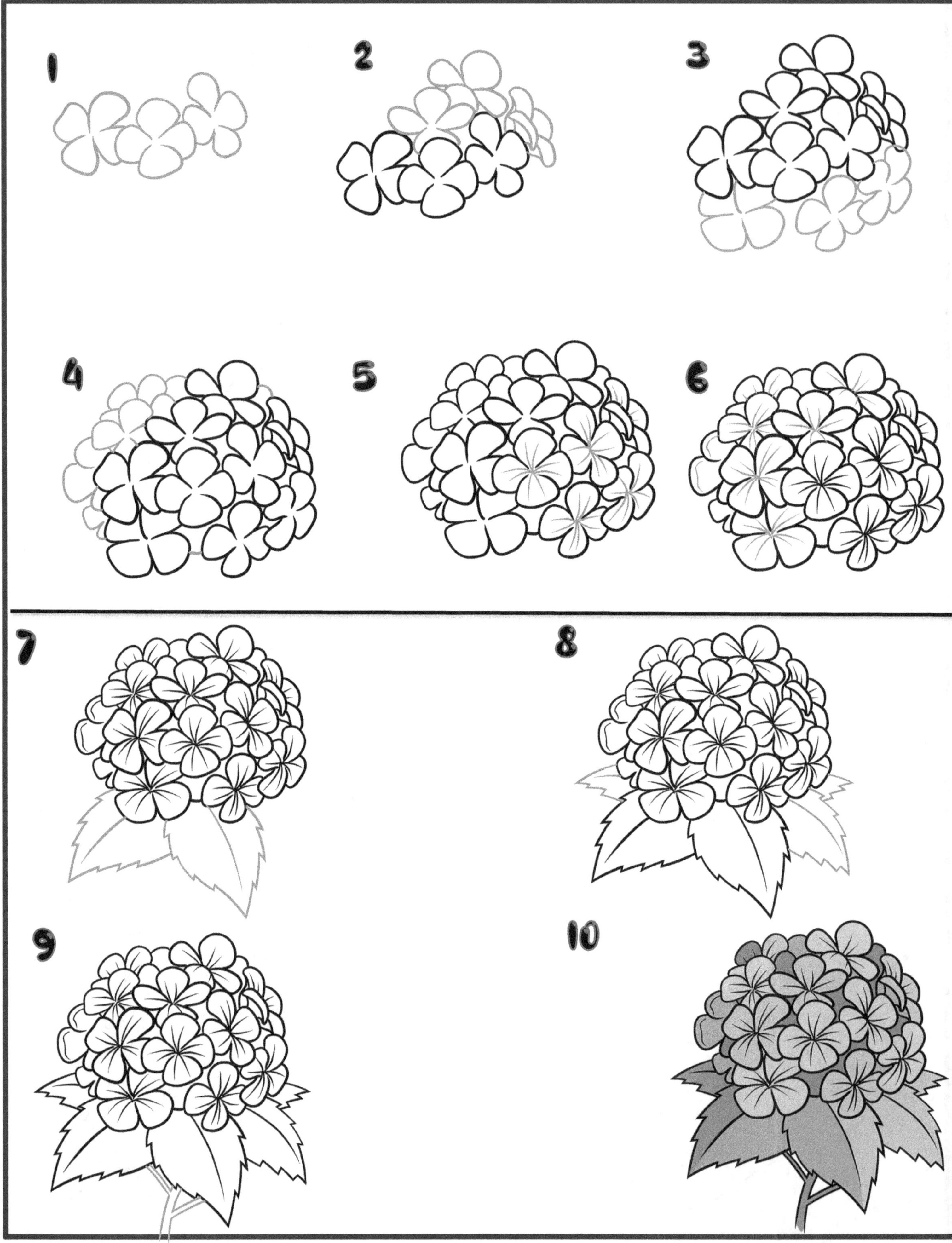

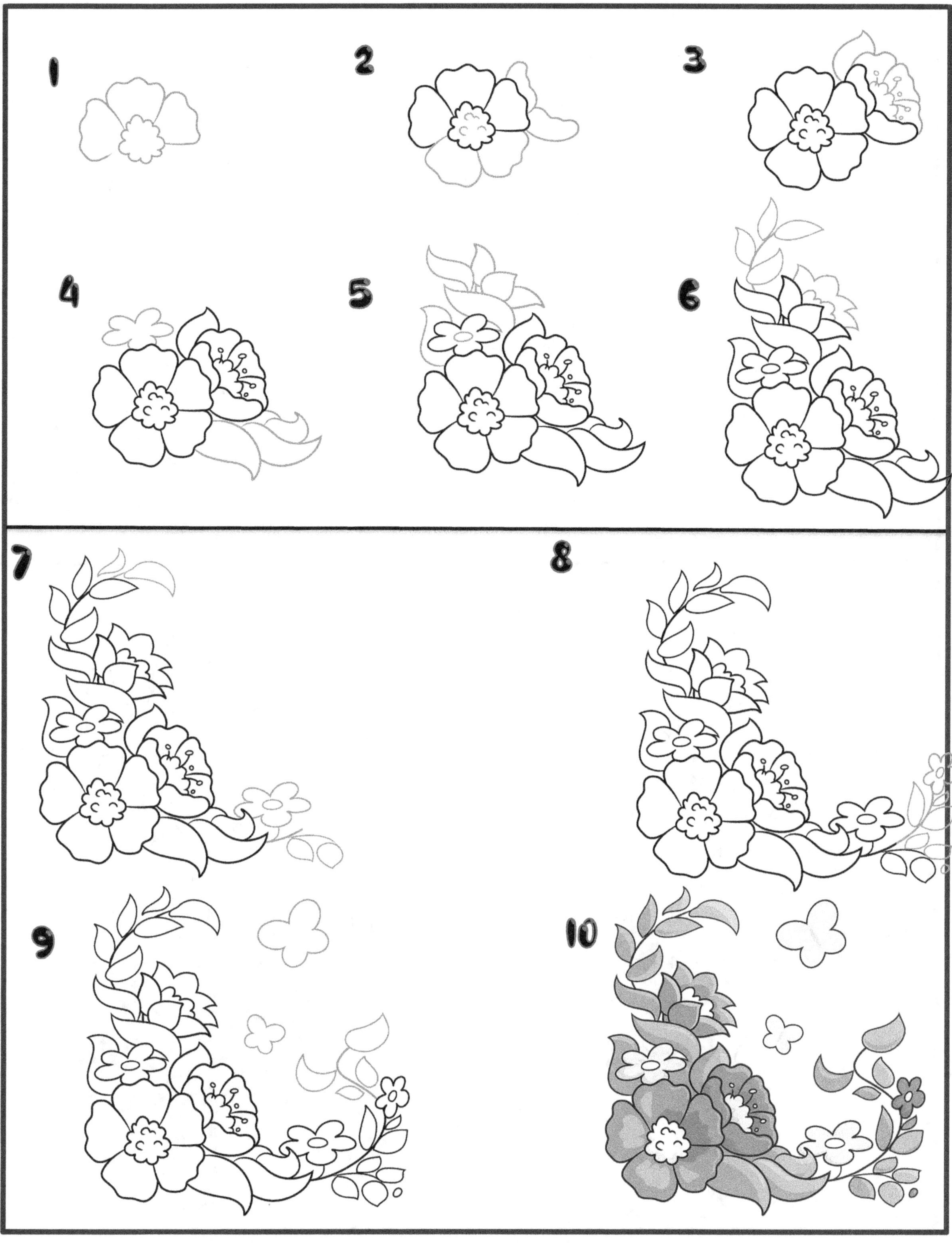

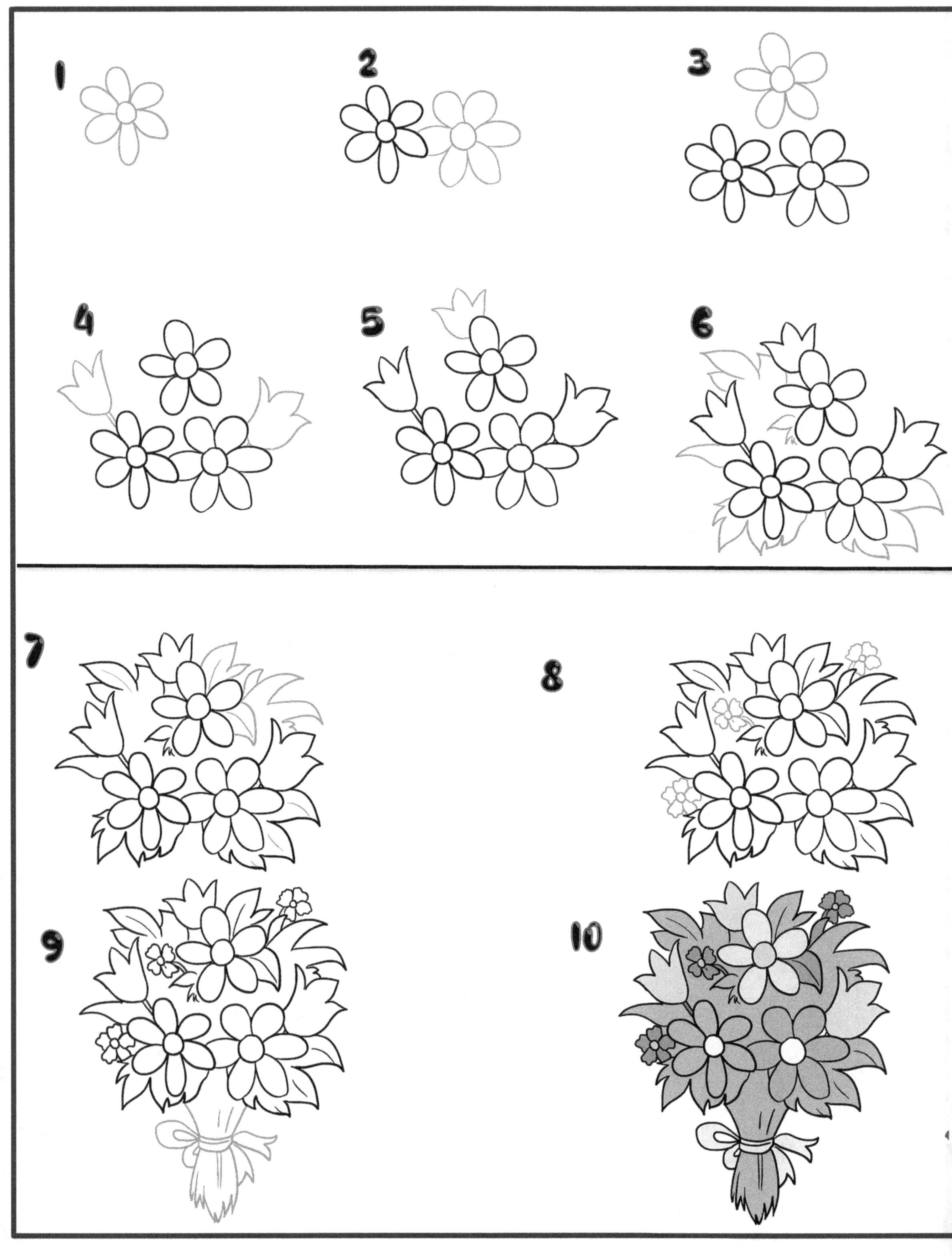

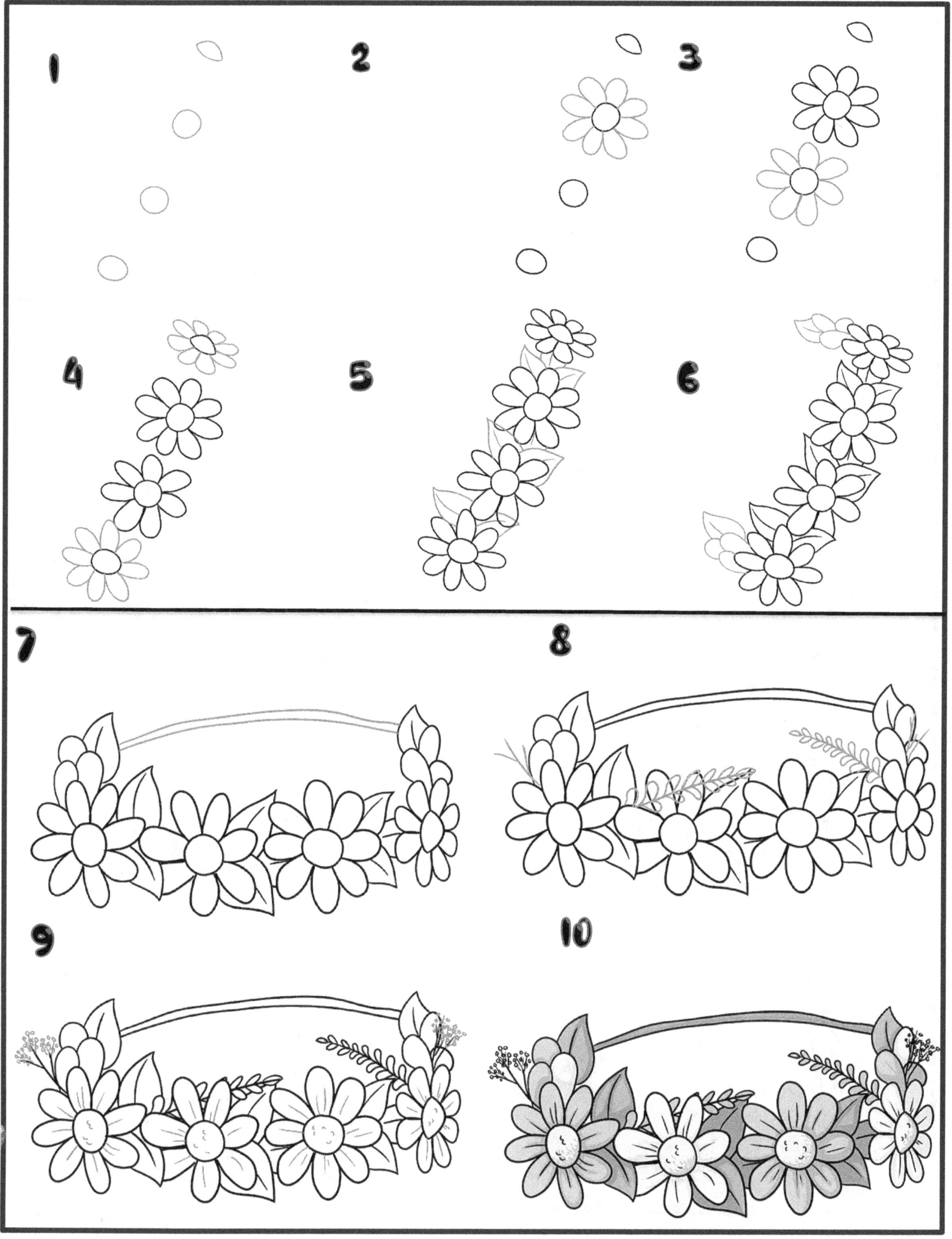

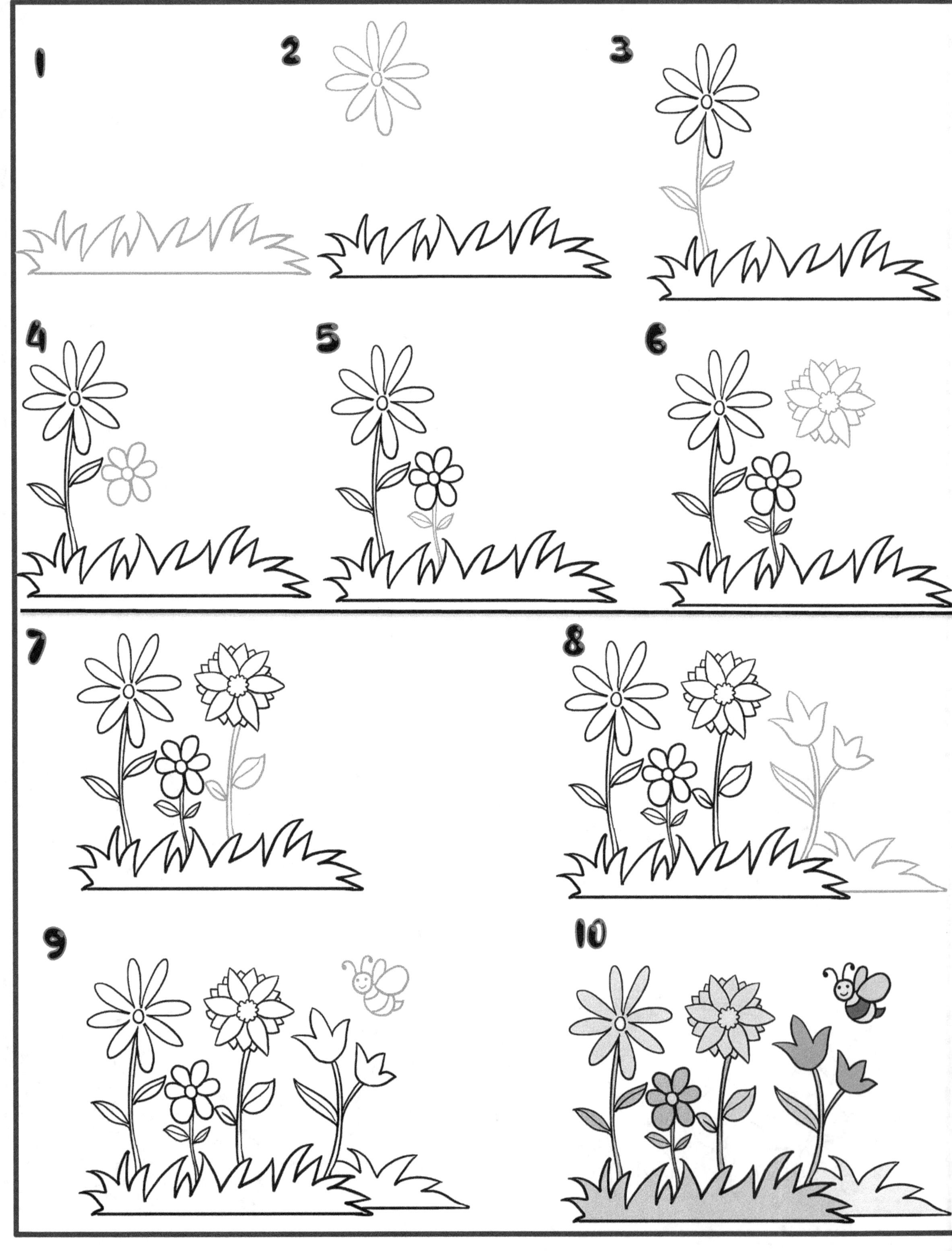

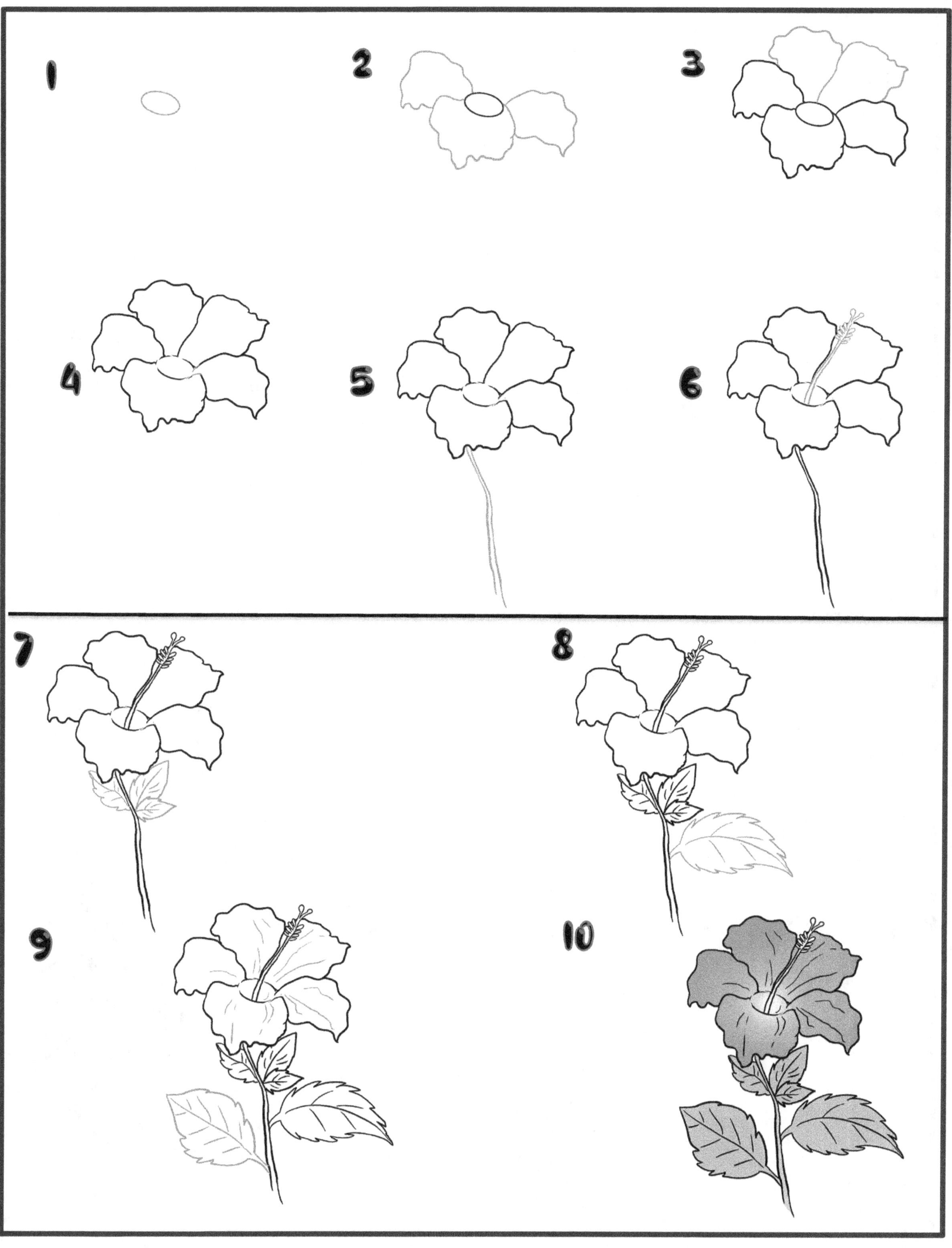

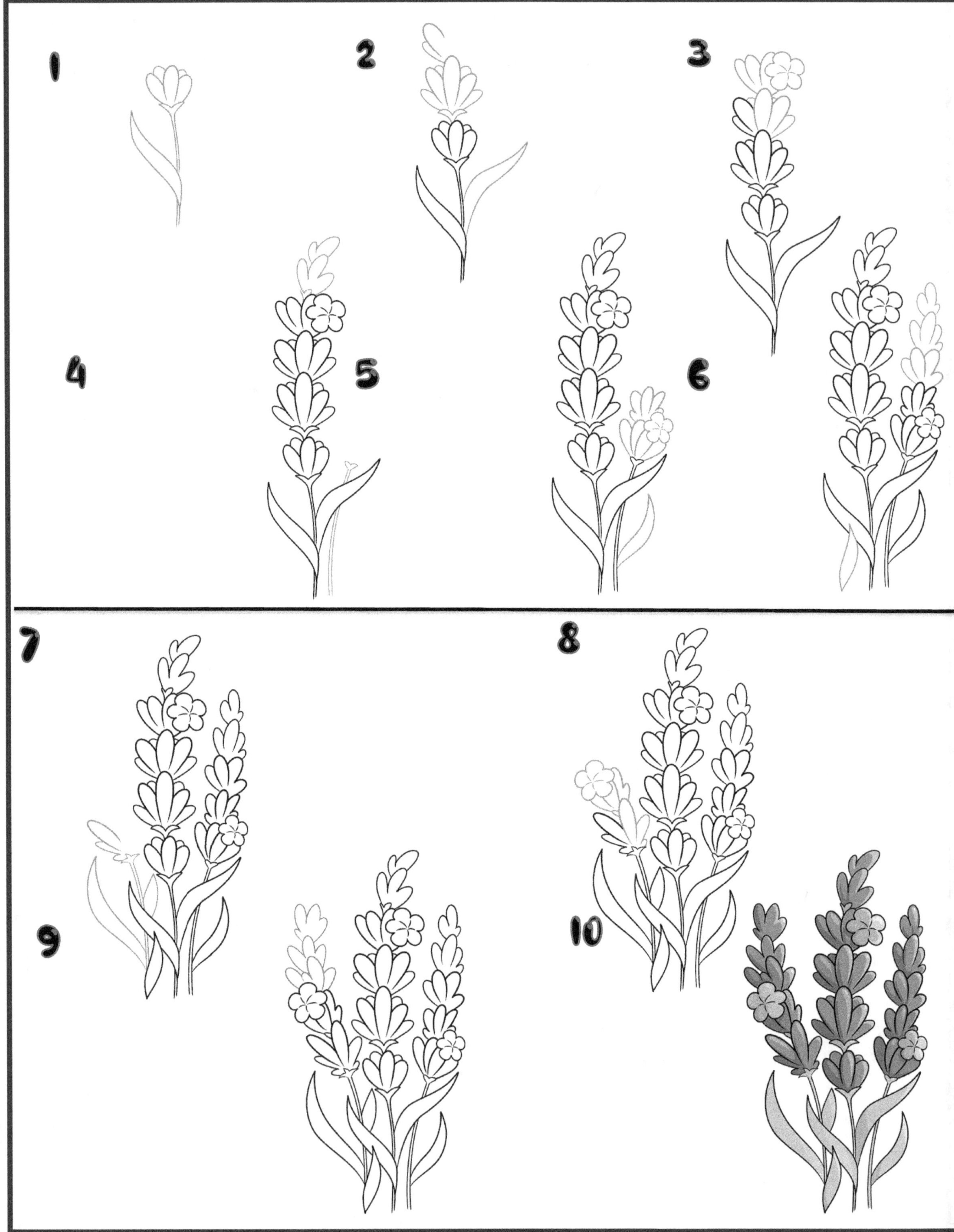

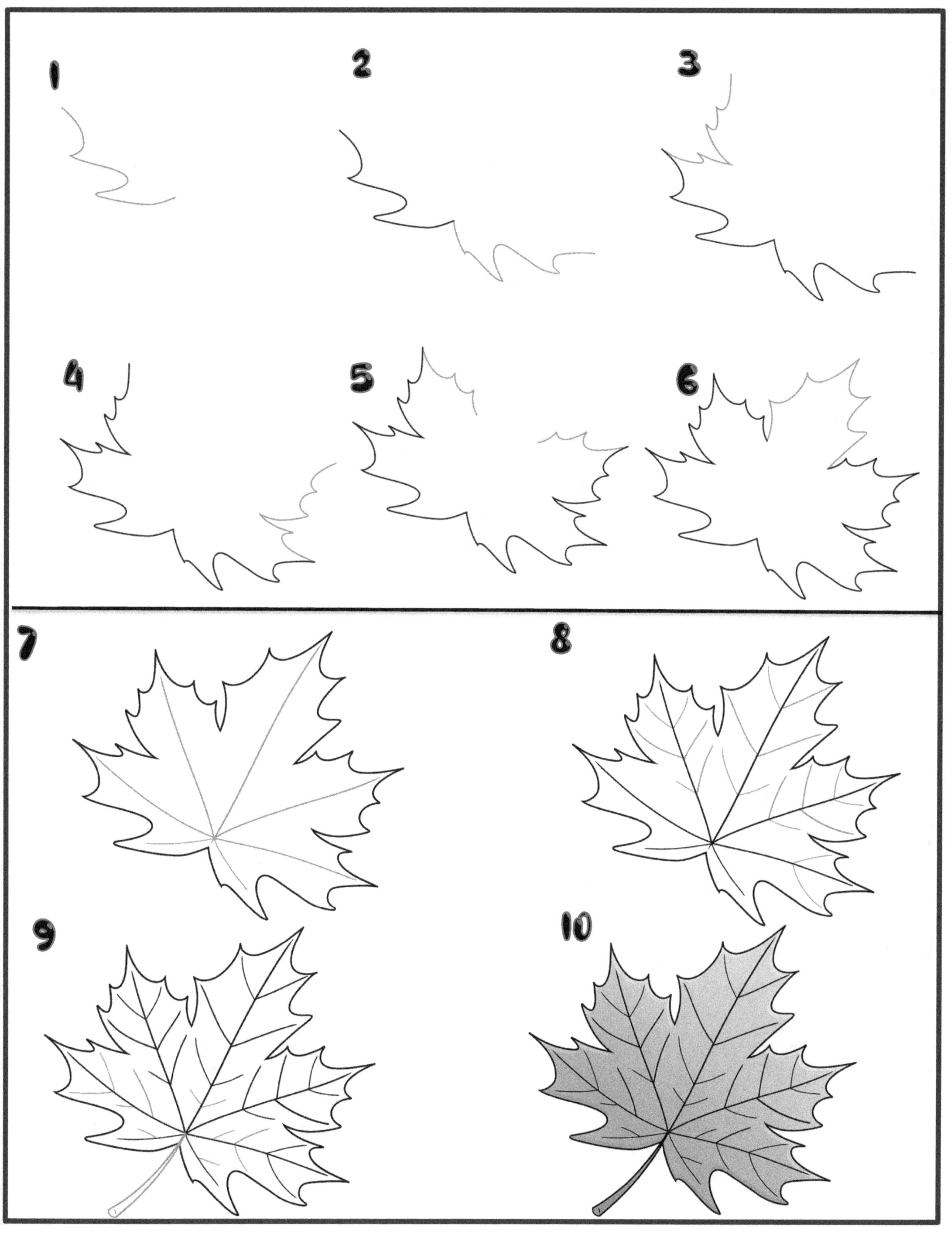

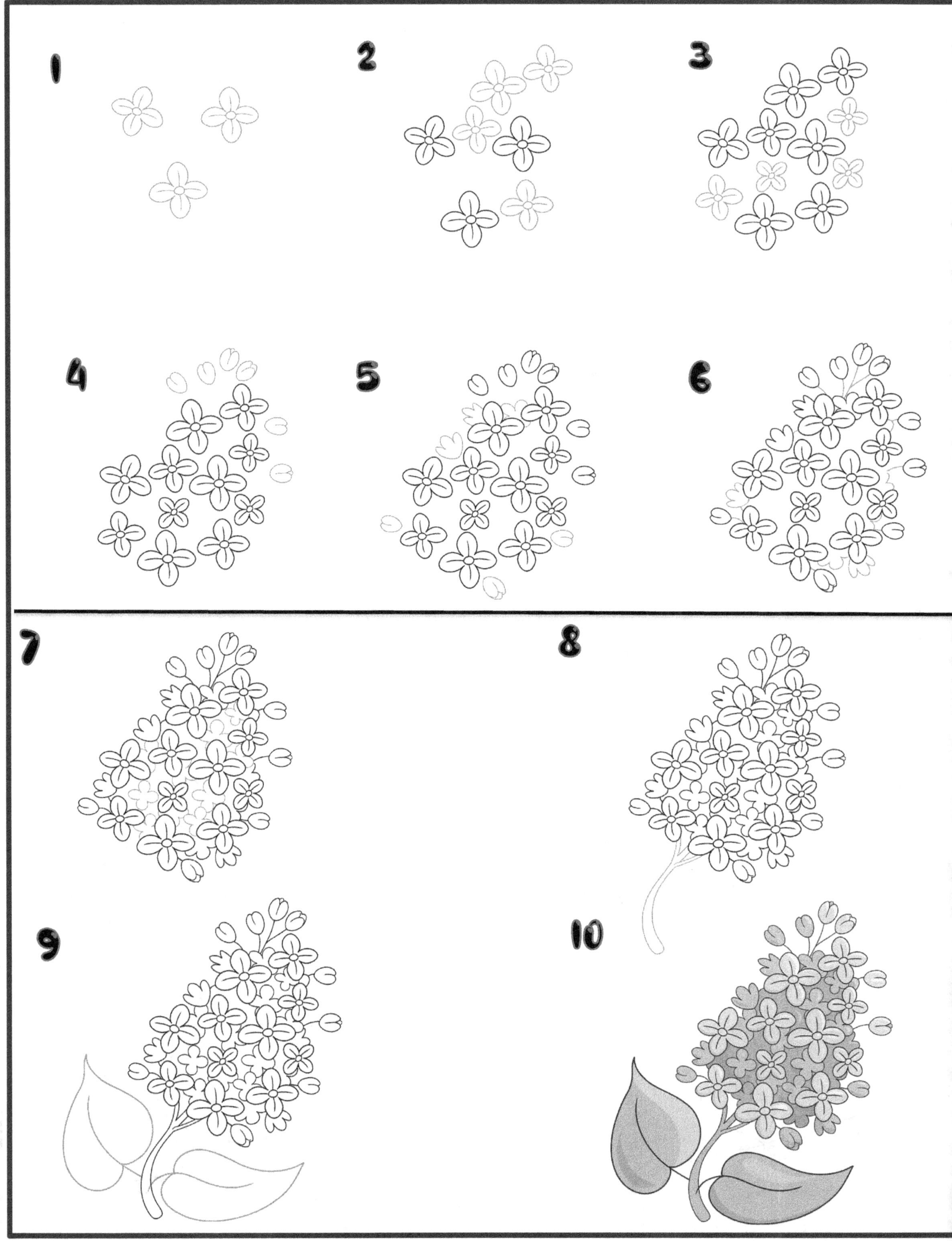

1
2
3
4
5
6
7
8
9
10

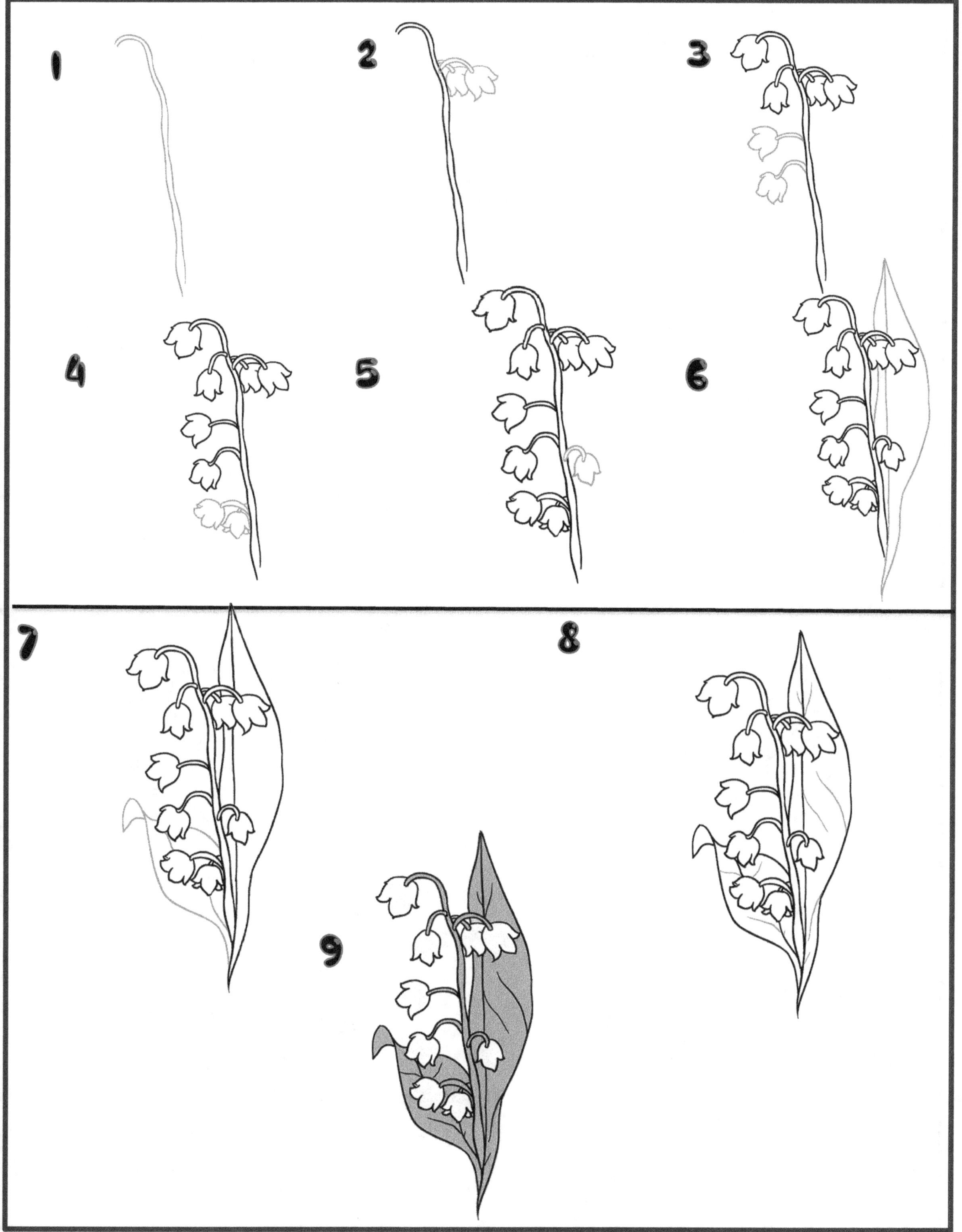

1

2

3

4

5

6

7

8

9

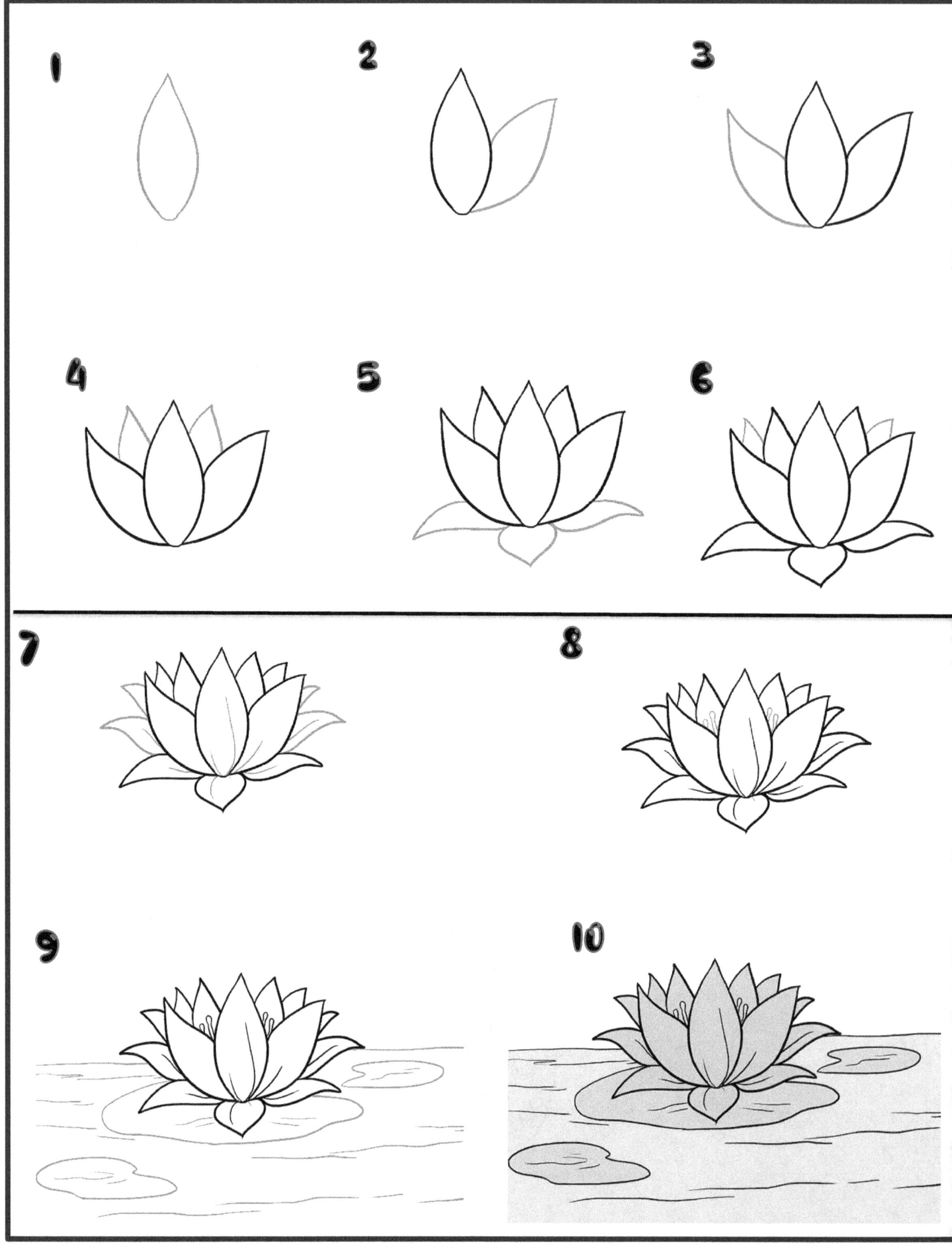

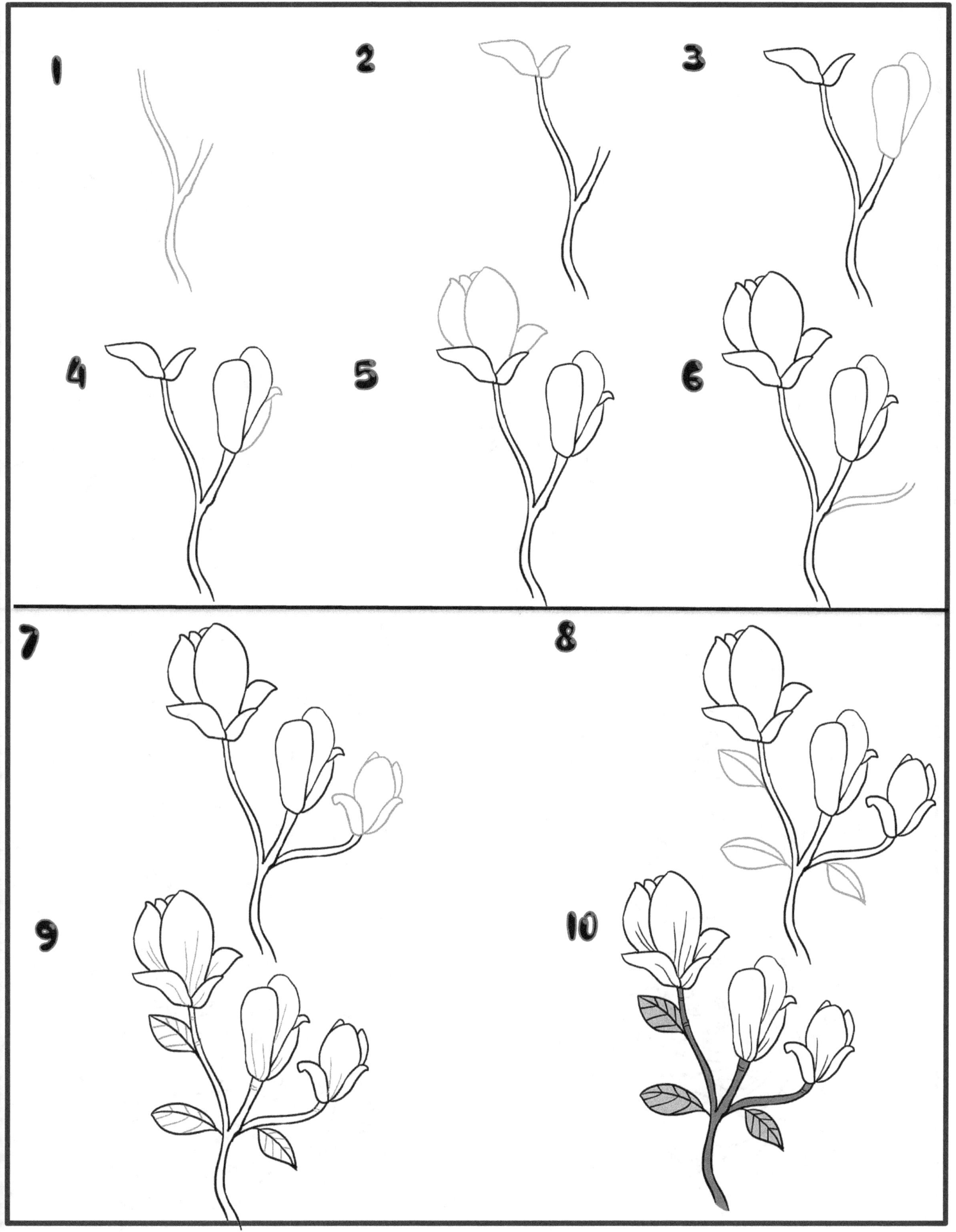

1
2
3
4
5
6
7
8
9
10

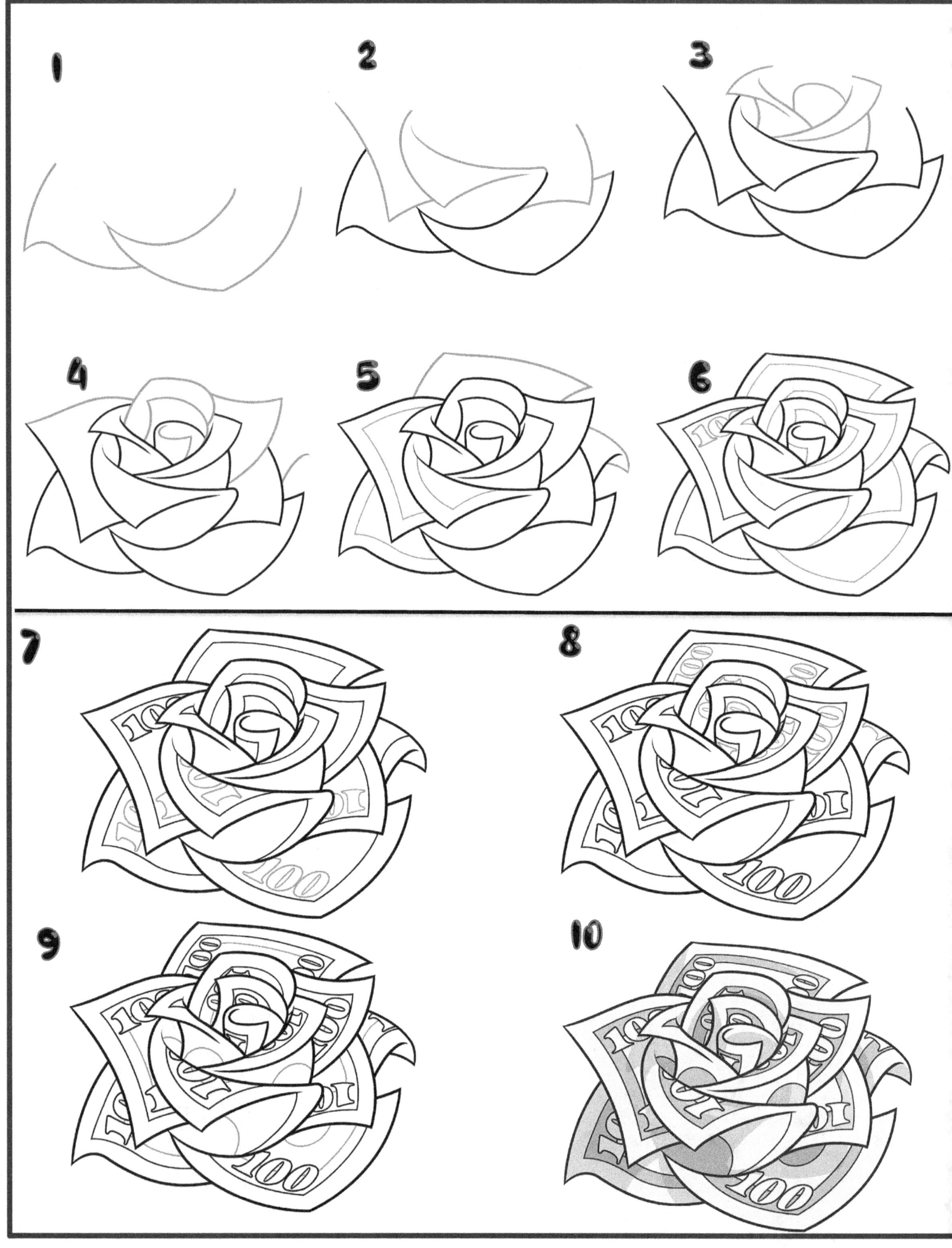

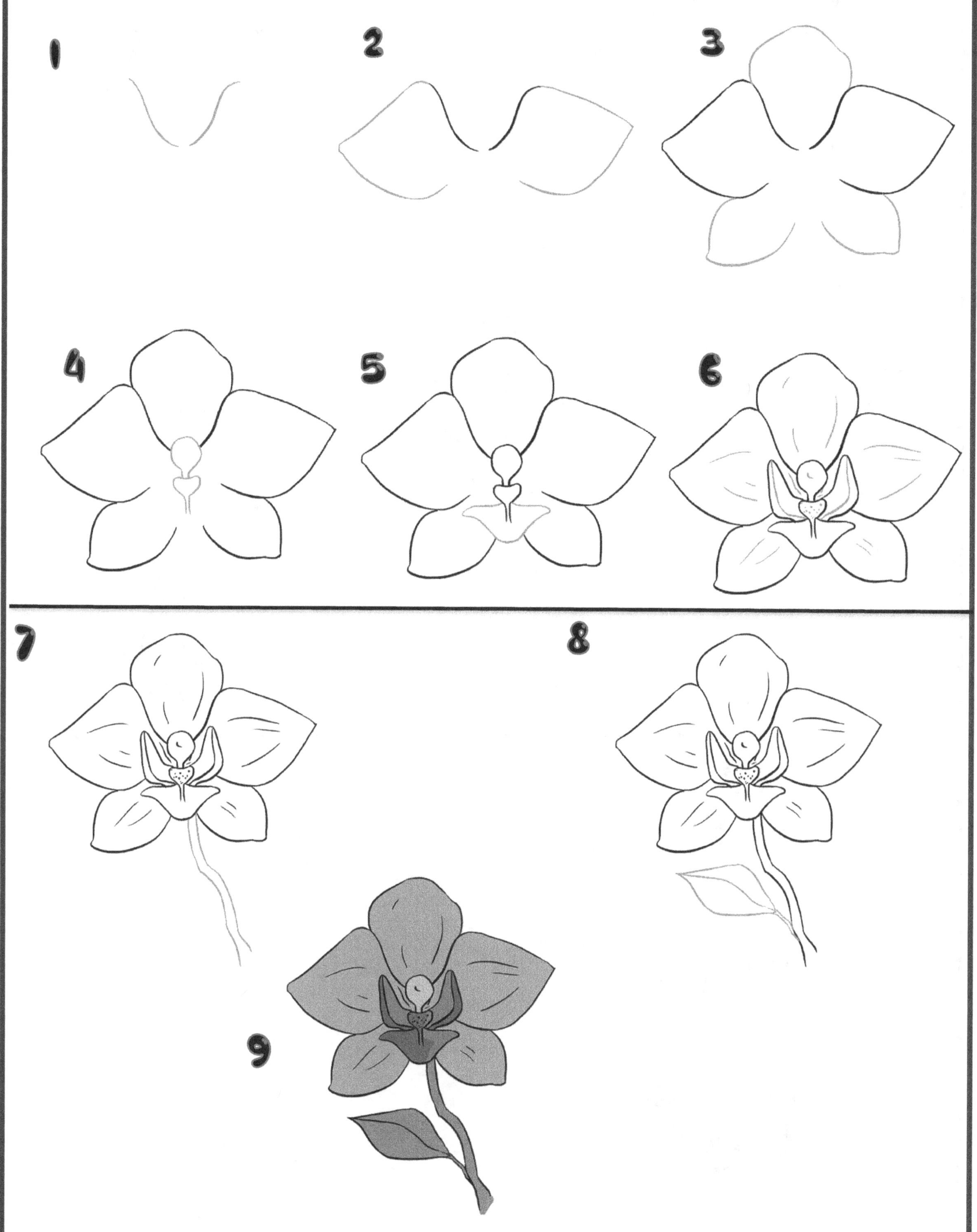

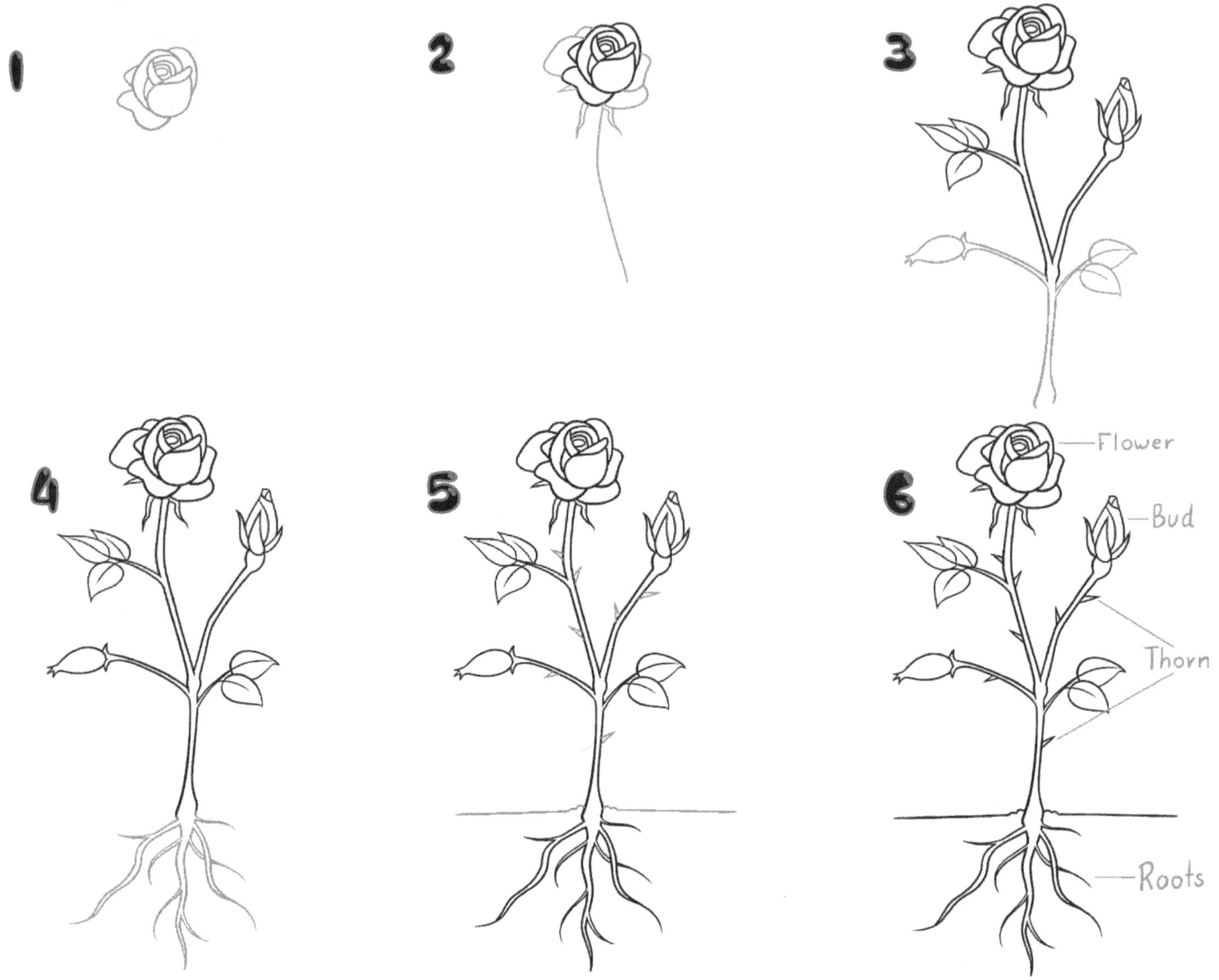

1
2
3
4
5
6
Flower
Bud
Thorn
Roots

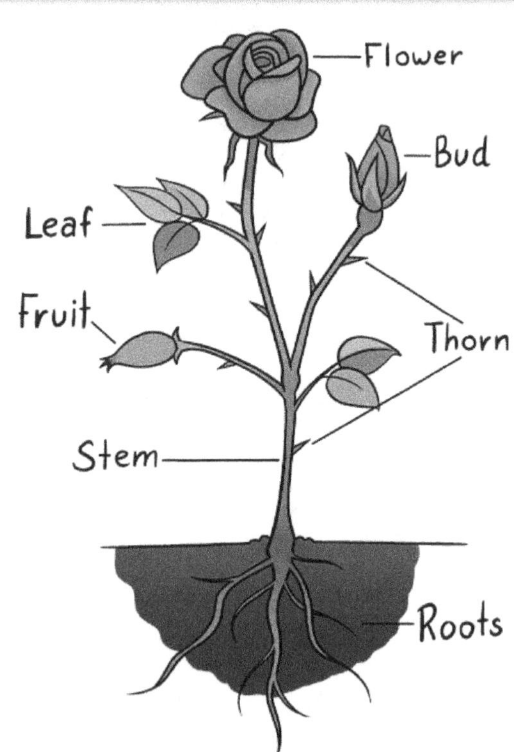
Flower
Bud
Leaf
Thorn
Fruit
Stem
Roots

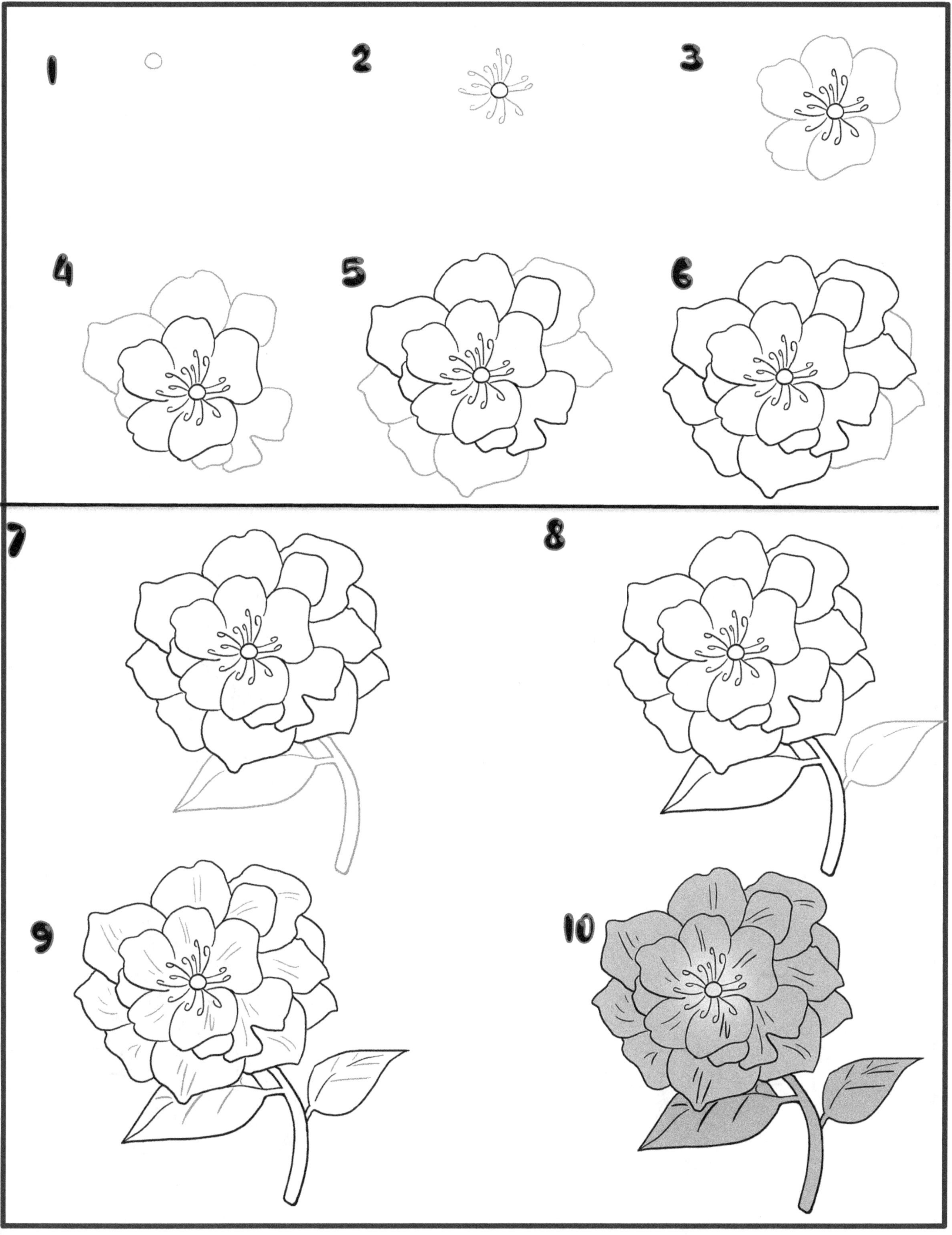

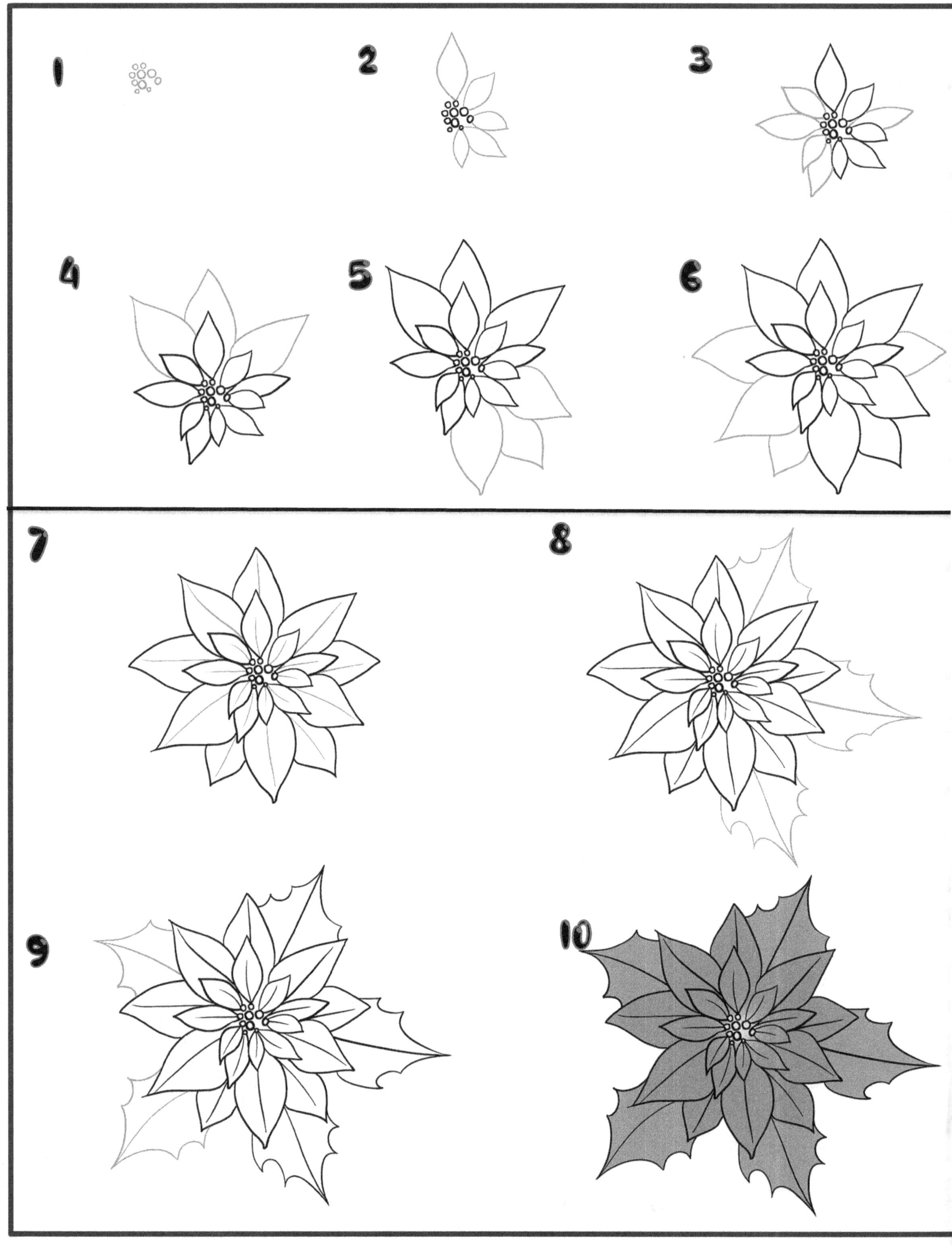

1
2
3
4
5
6
7
8
9
10

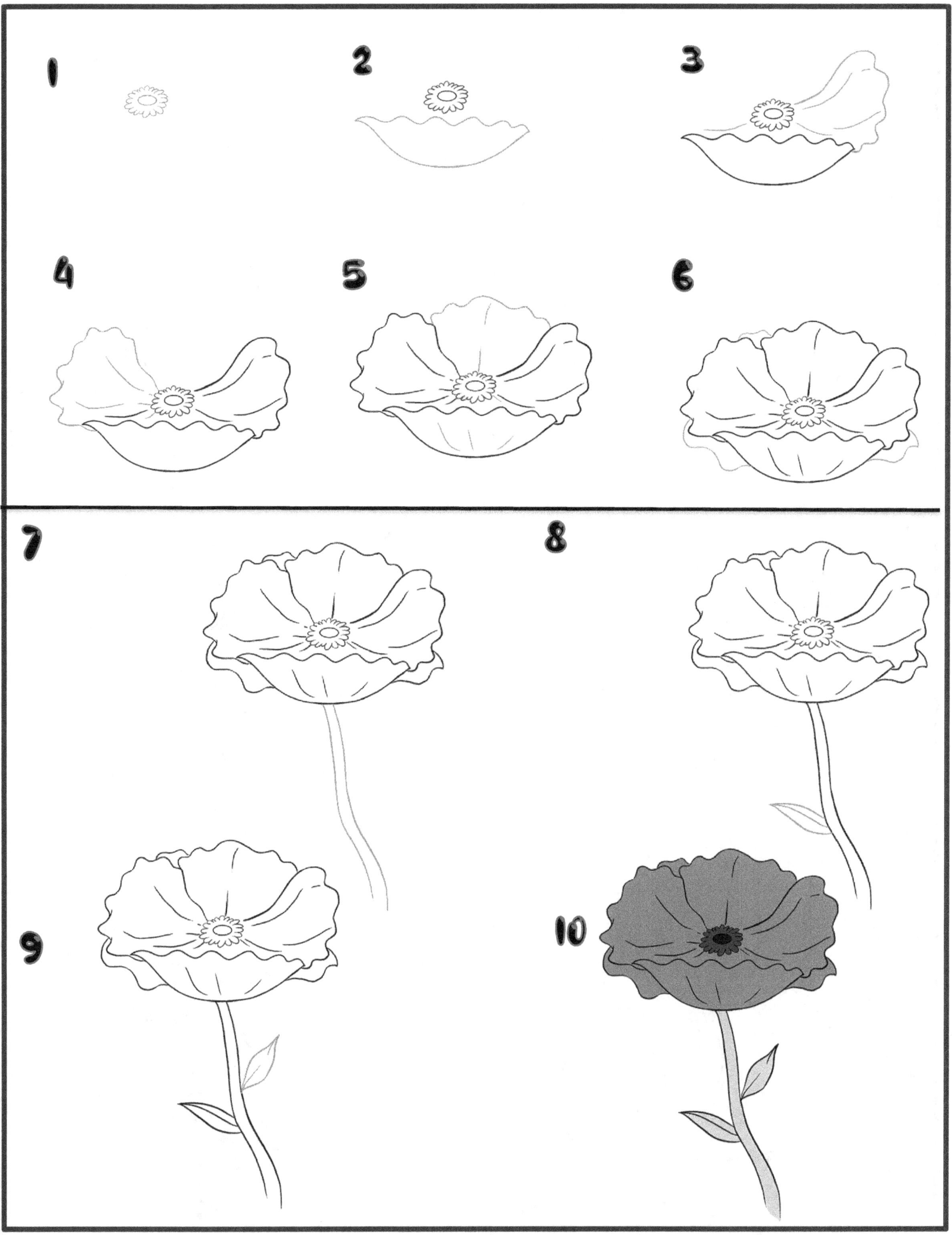
1
2
3
4
5
6
7
8
9
10

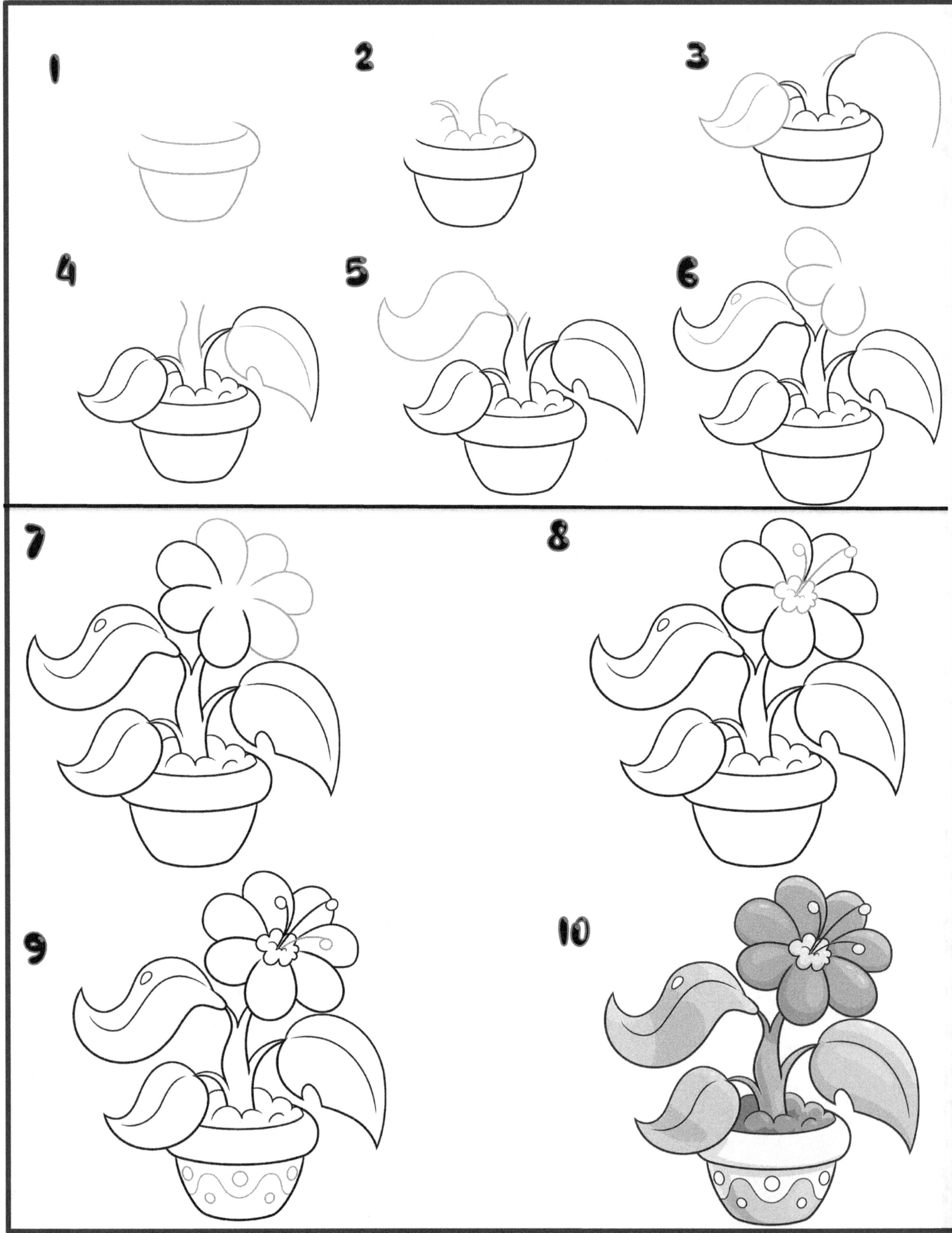

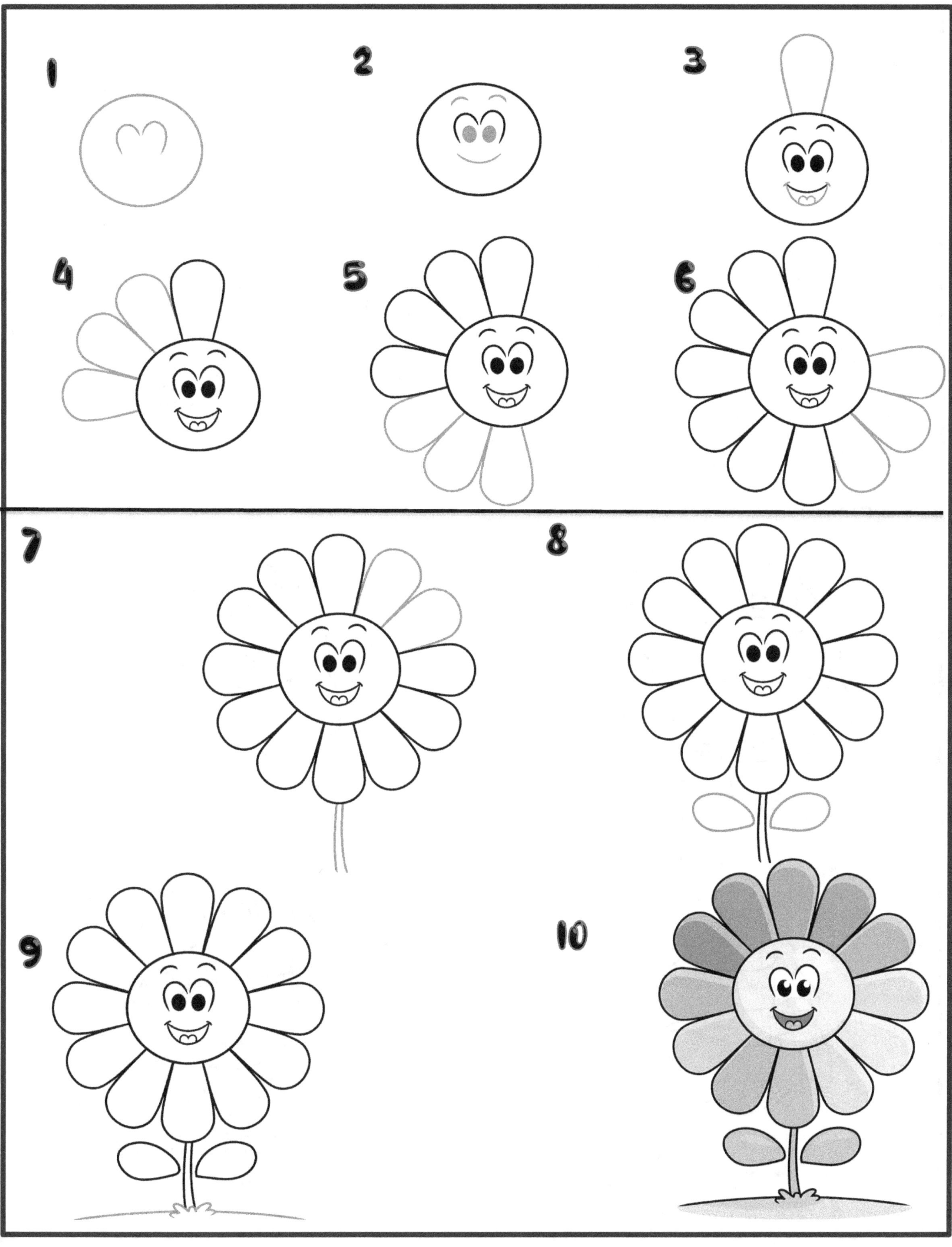

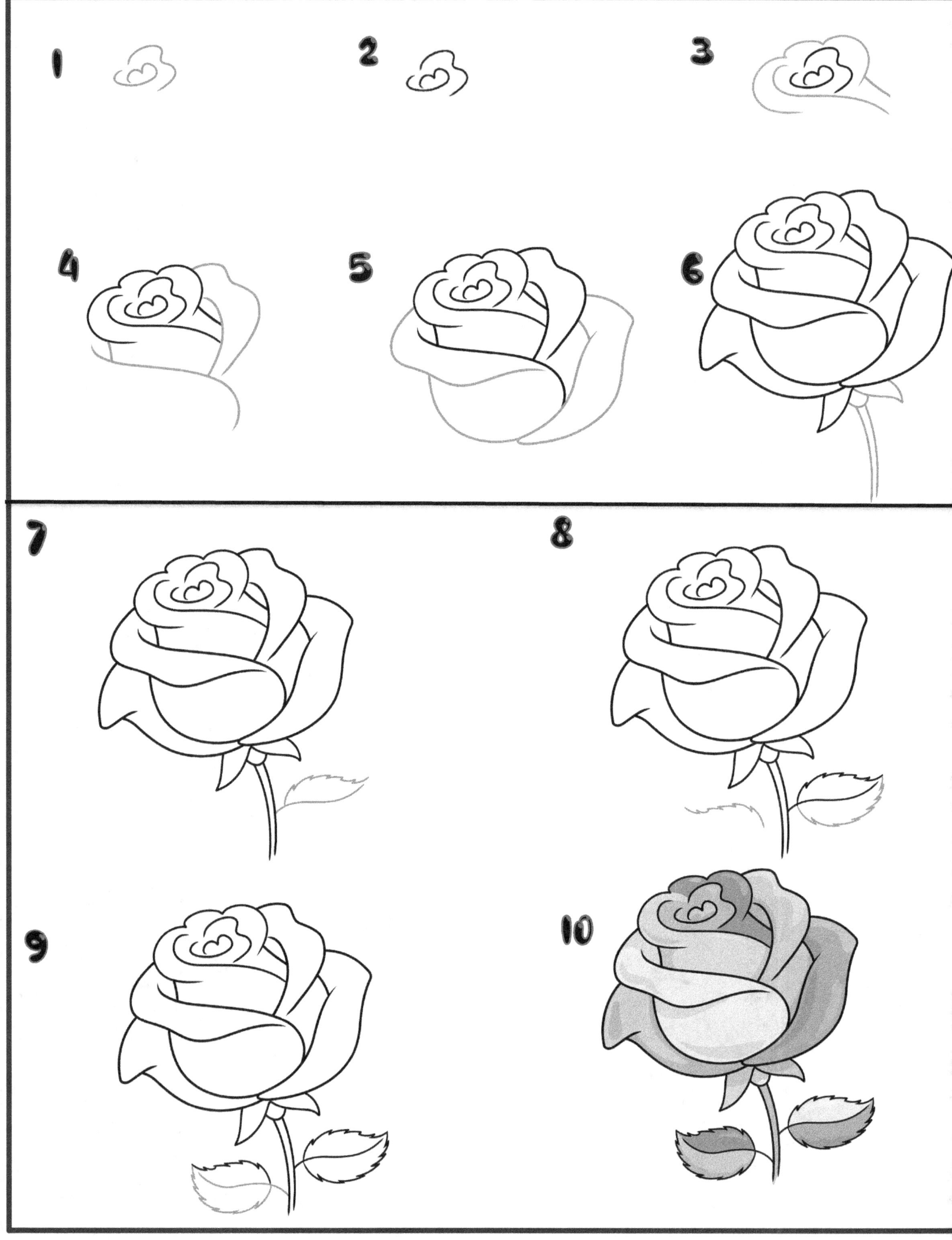

1
2
3
4
5
6
7
8
9
10

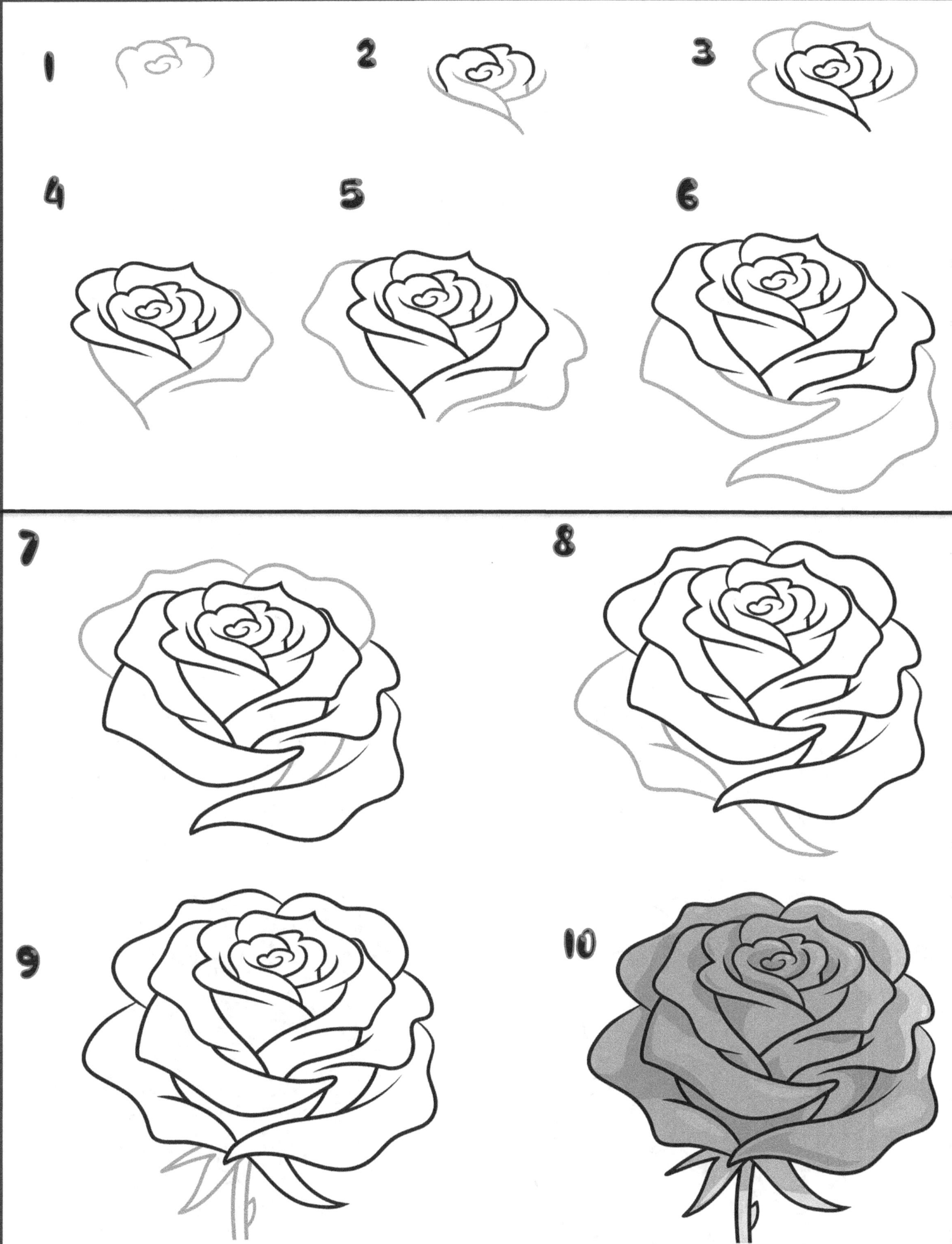

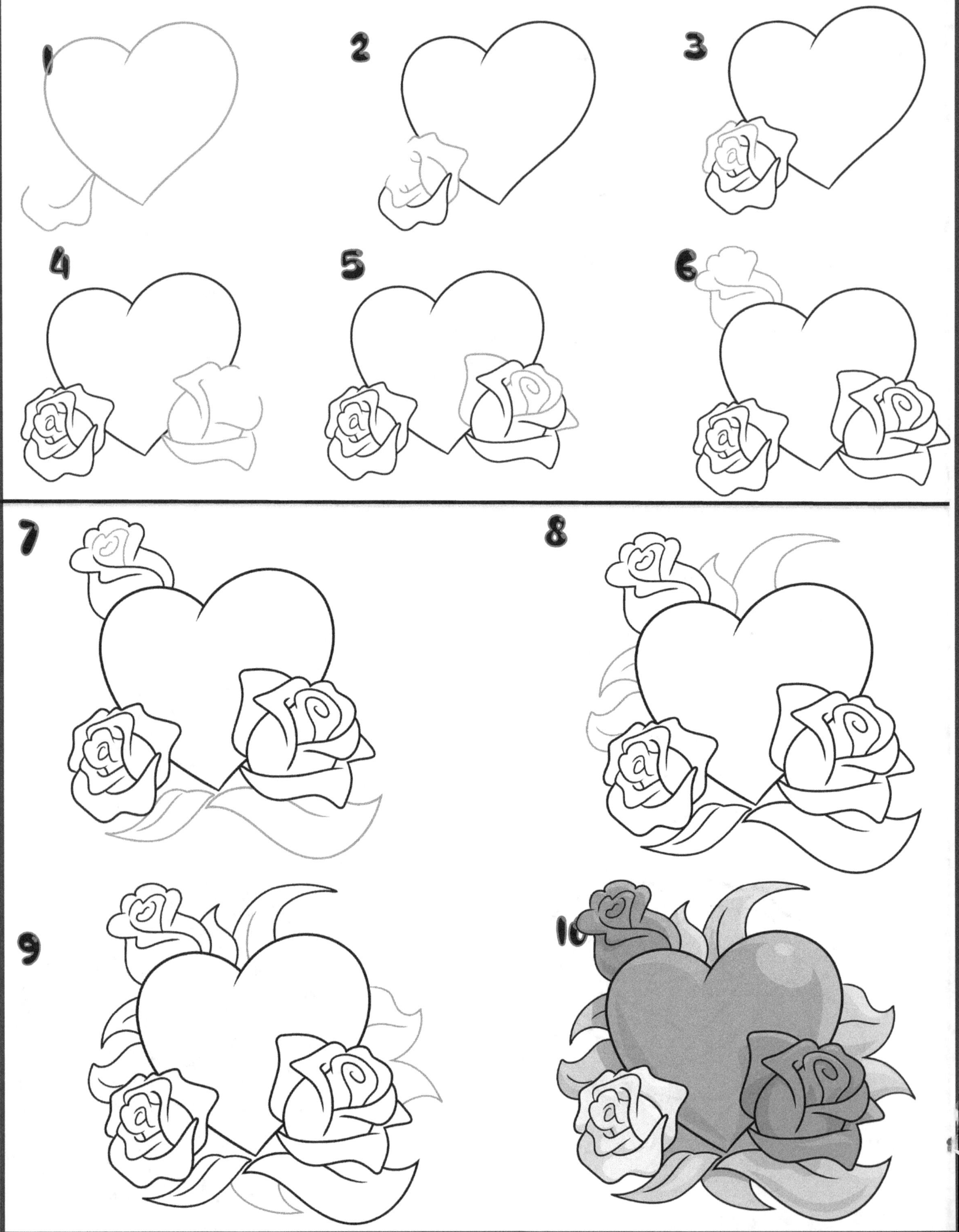

1
2
3
4
5
6
7
8
9
10

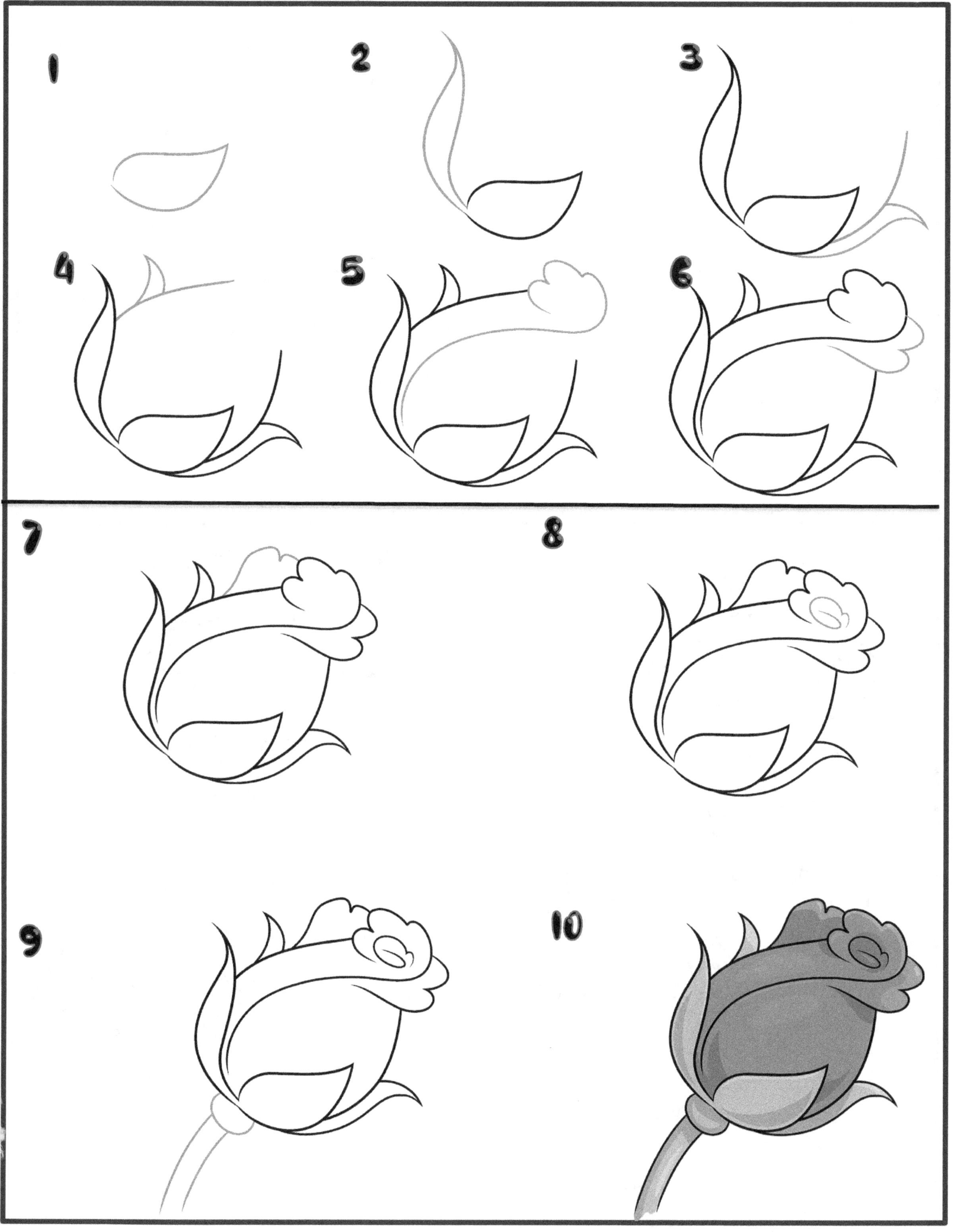

1
2
3
4
5
6
7
8
9
10

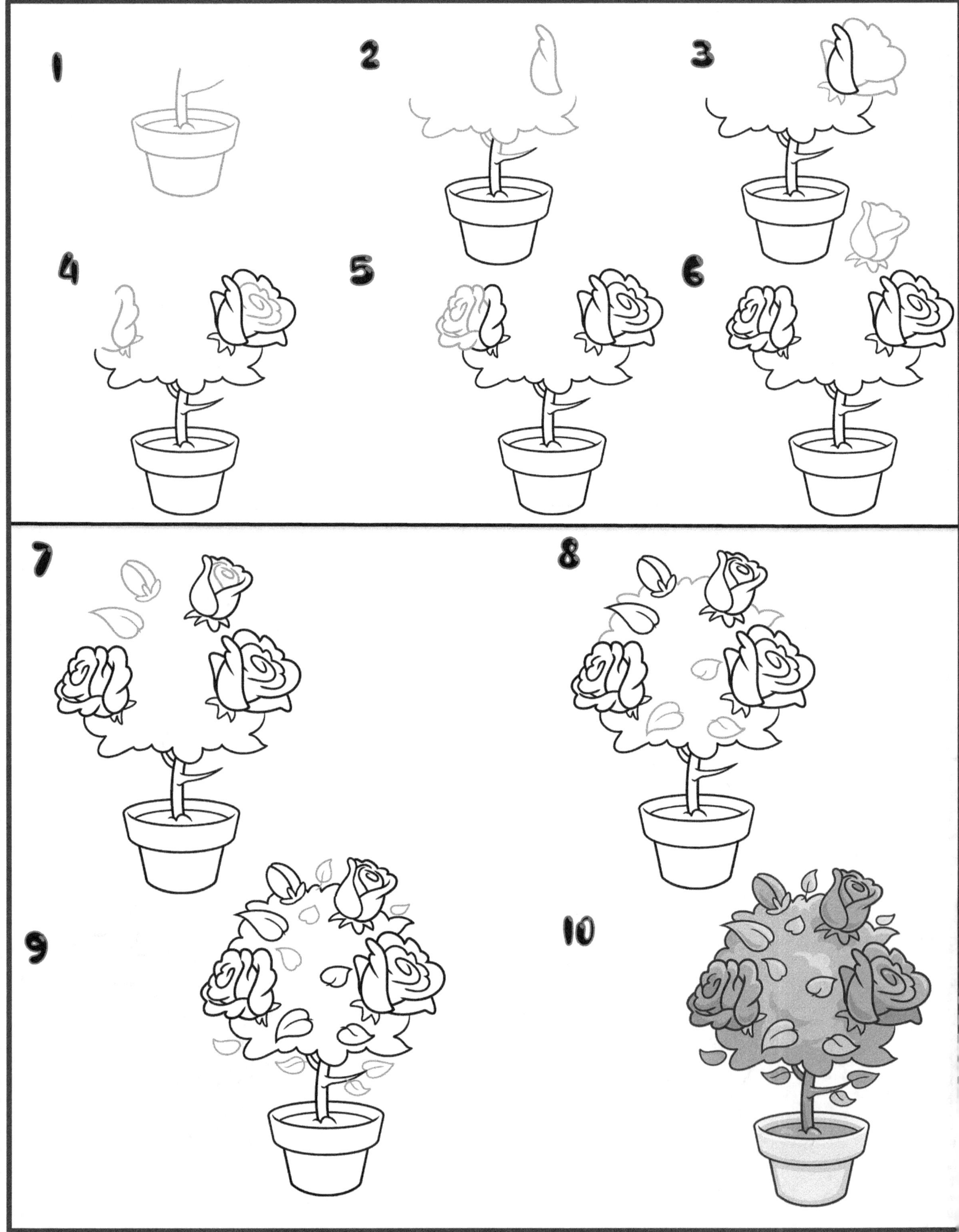

1
2
3
4
5
6
7
8
9
10

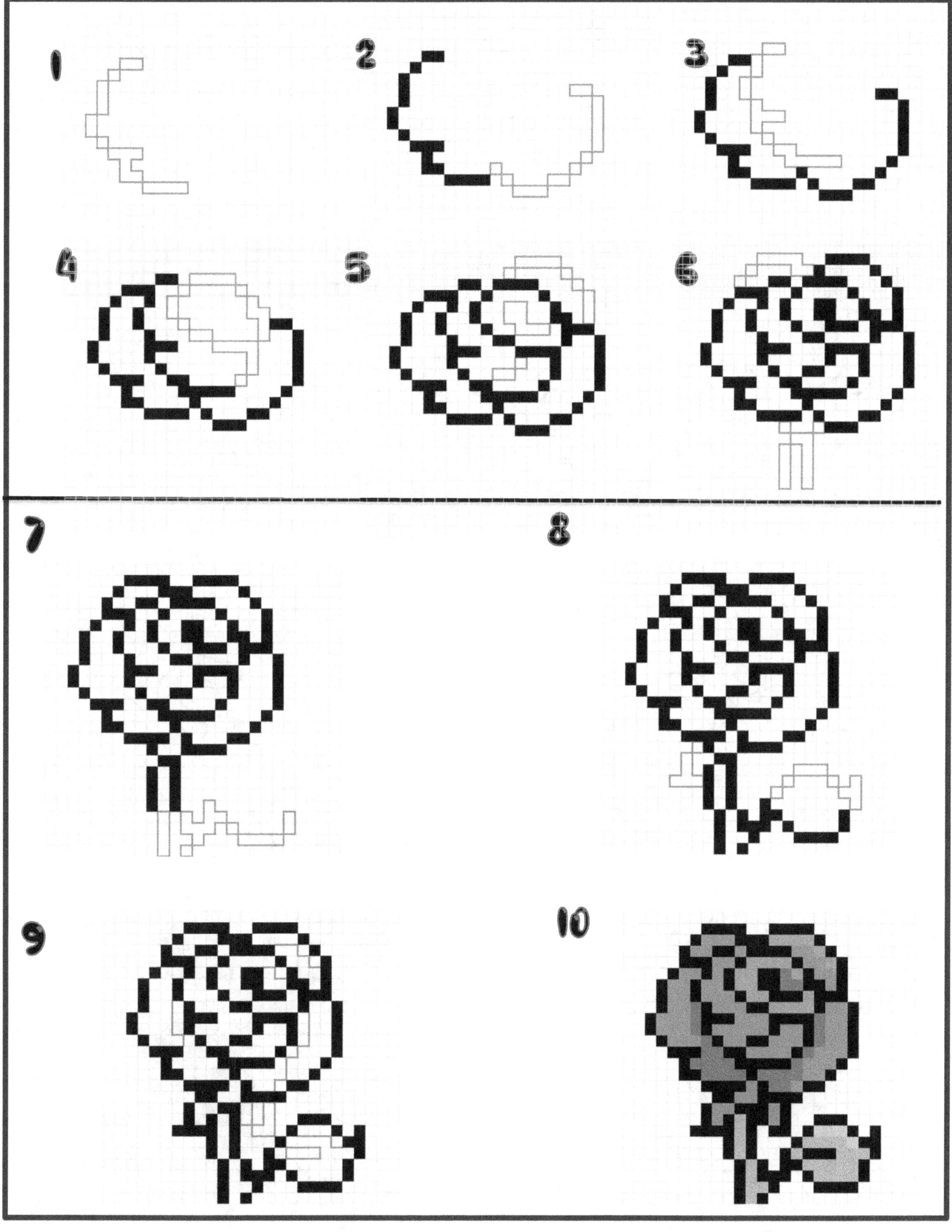

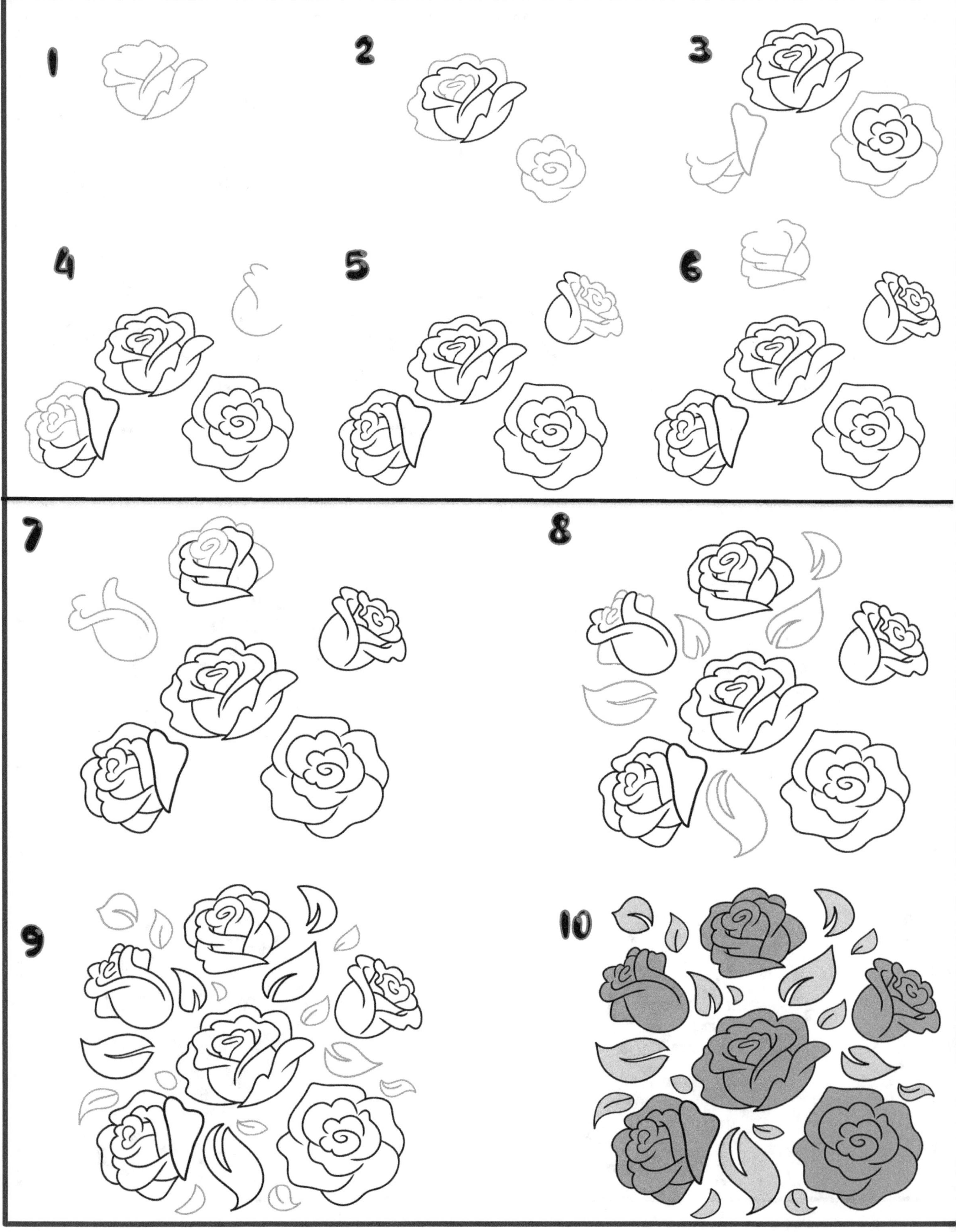

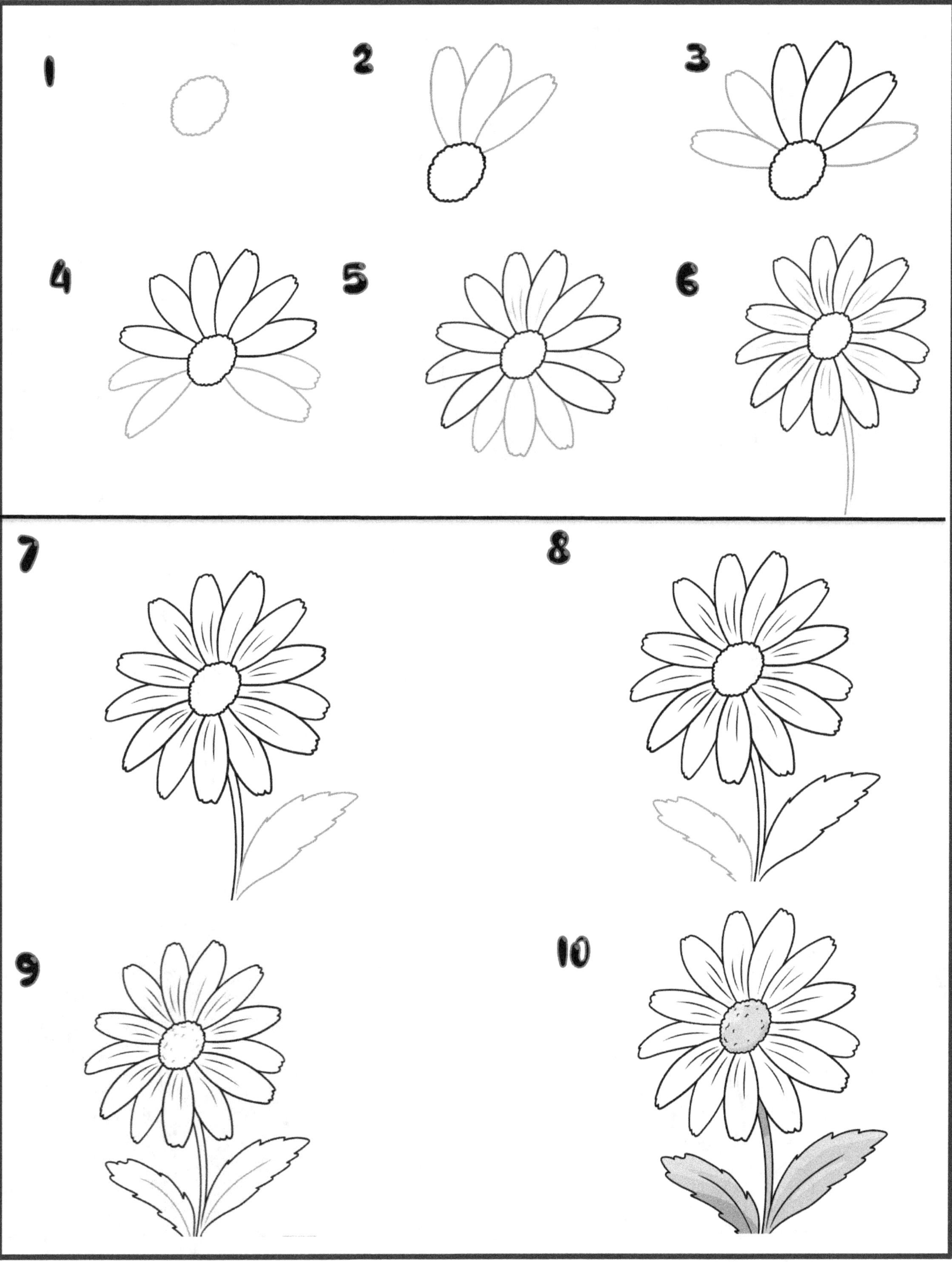

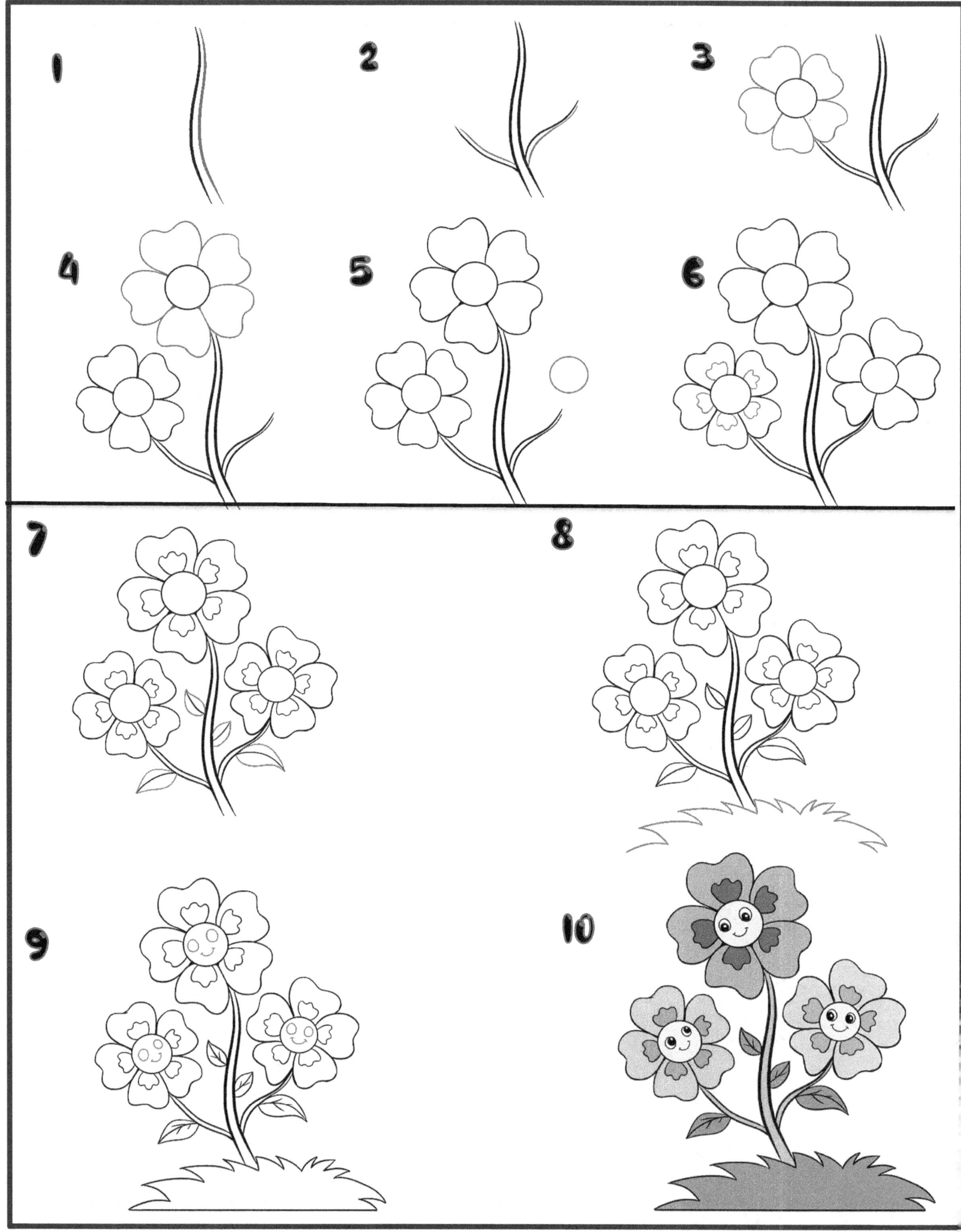

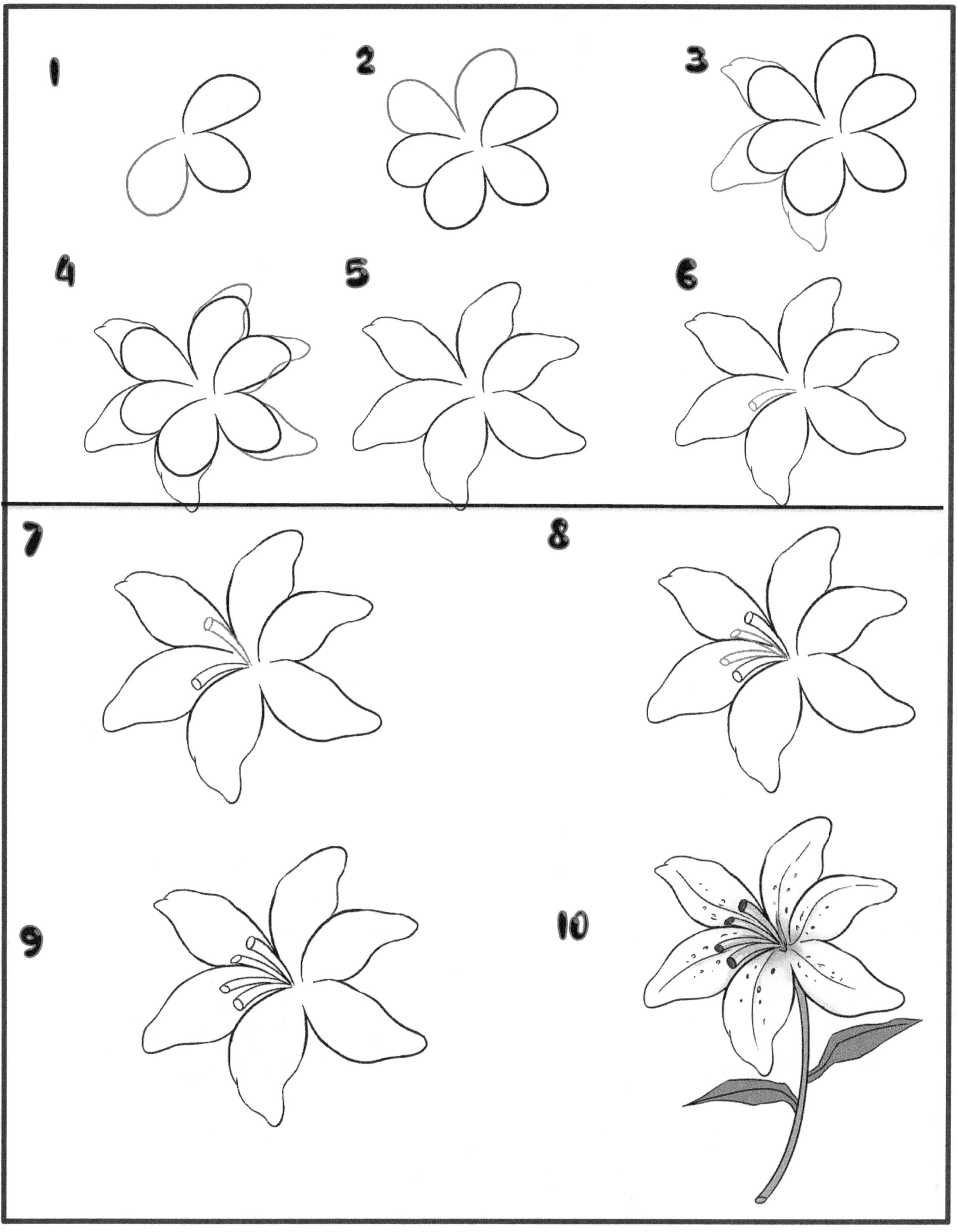

1
2
3
4
5
6
7
8
9
10

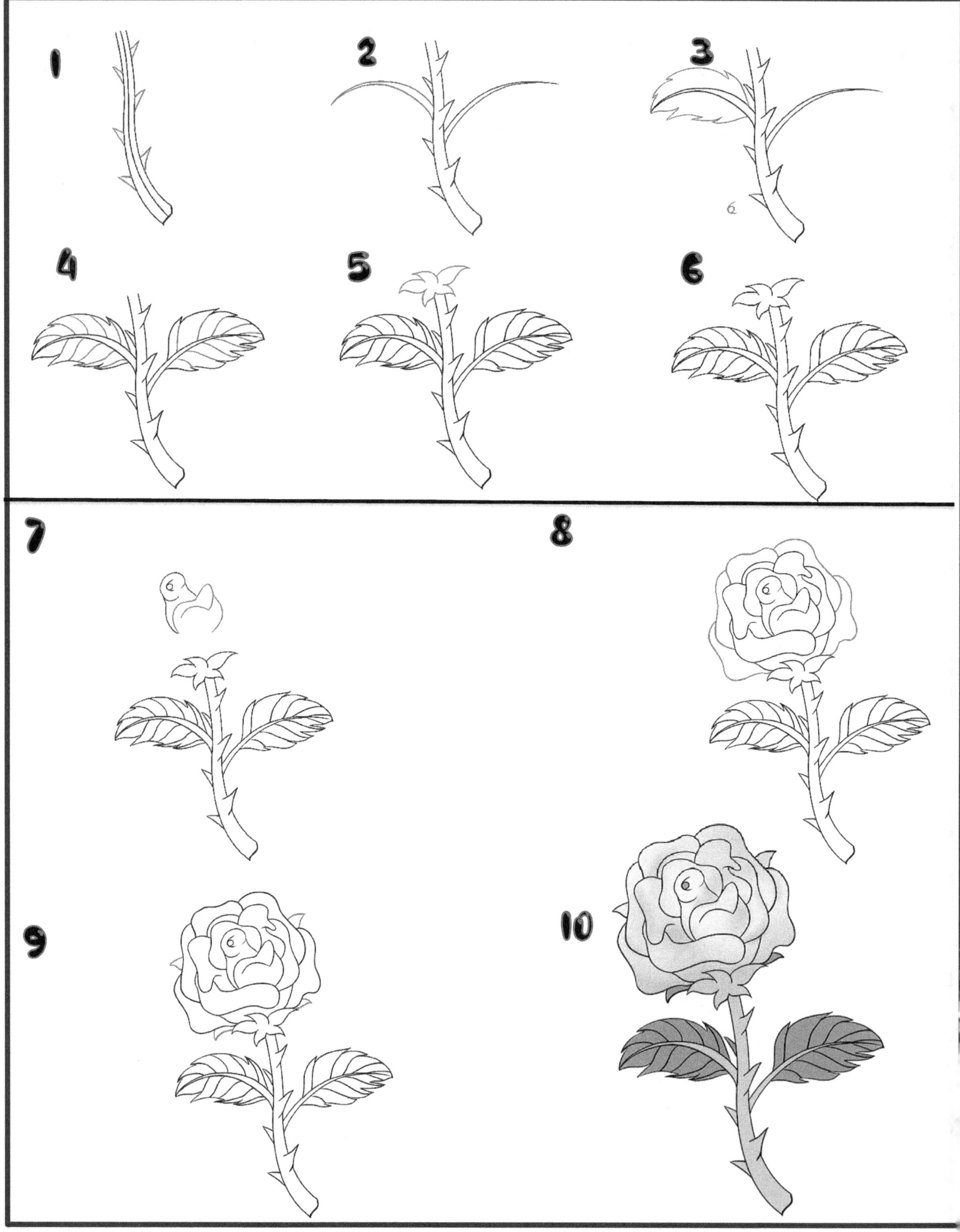

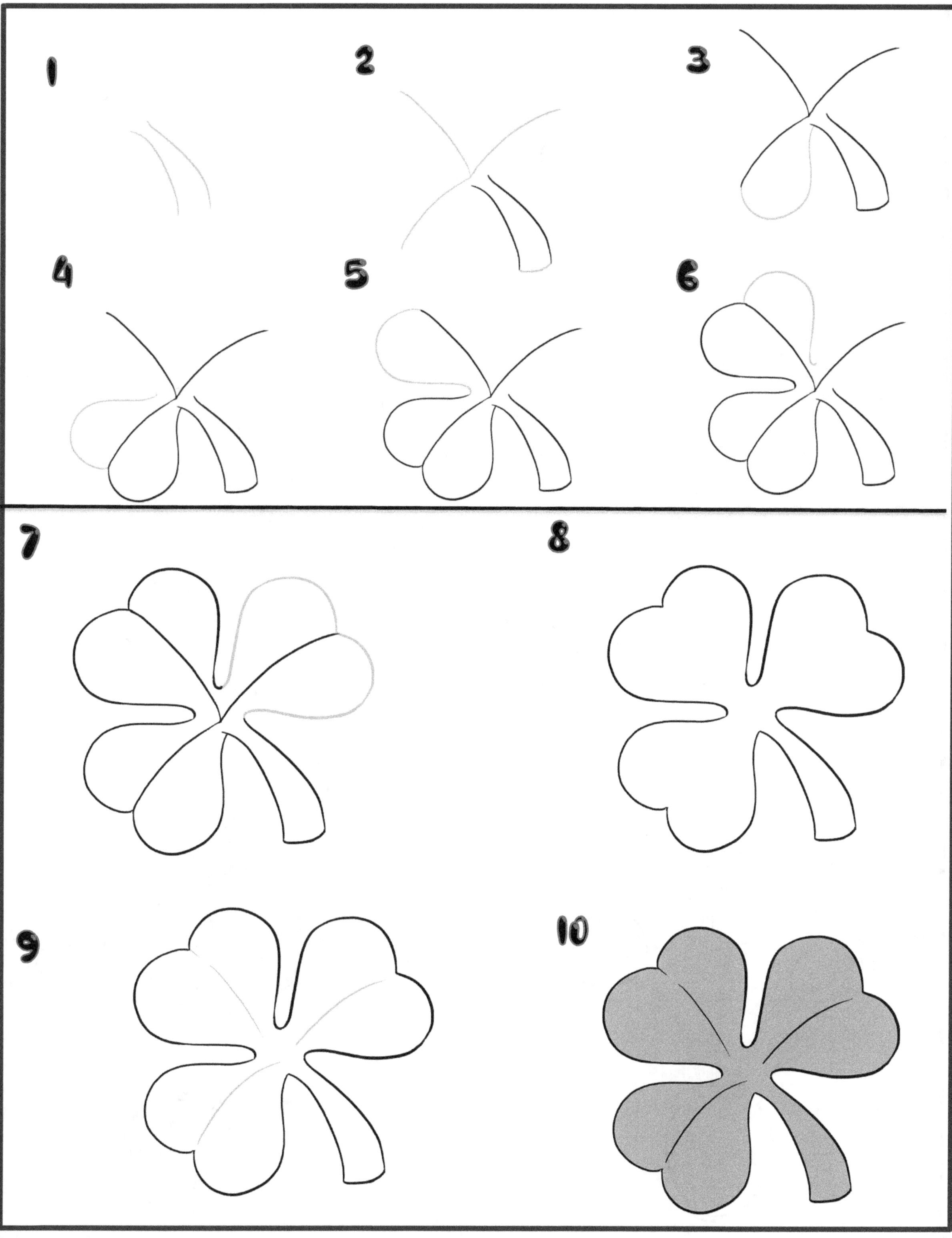

1
2
3
4
5
6
7
8
9
10

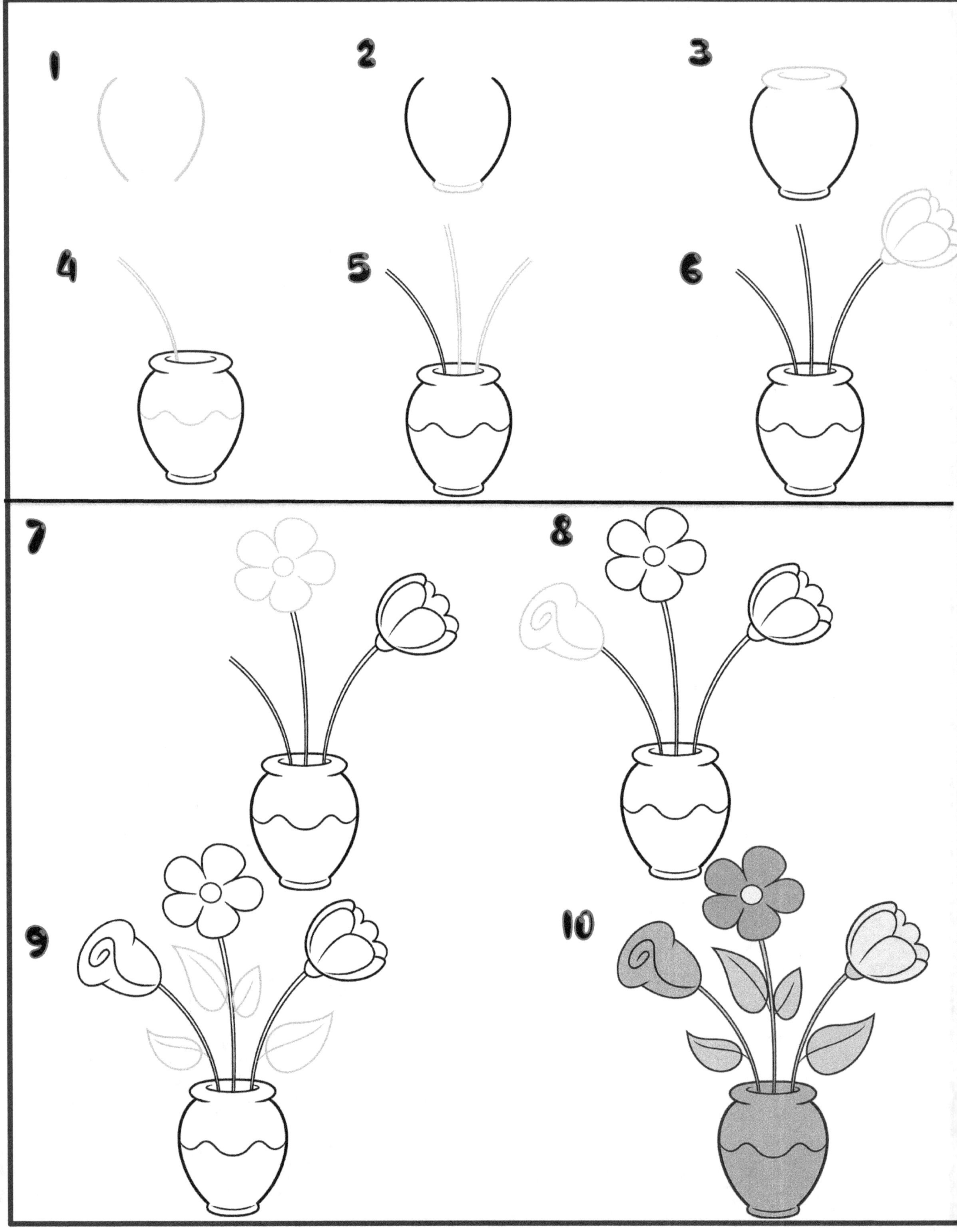

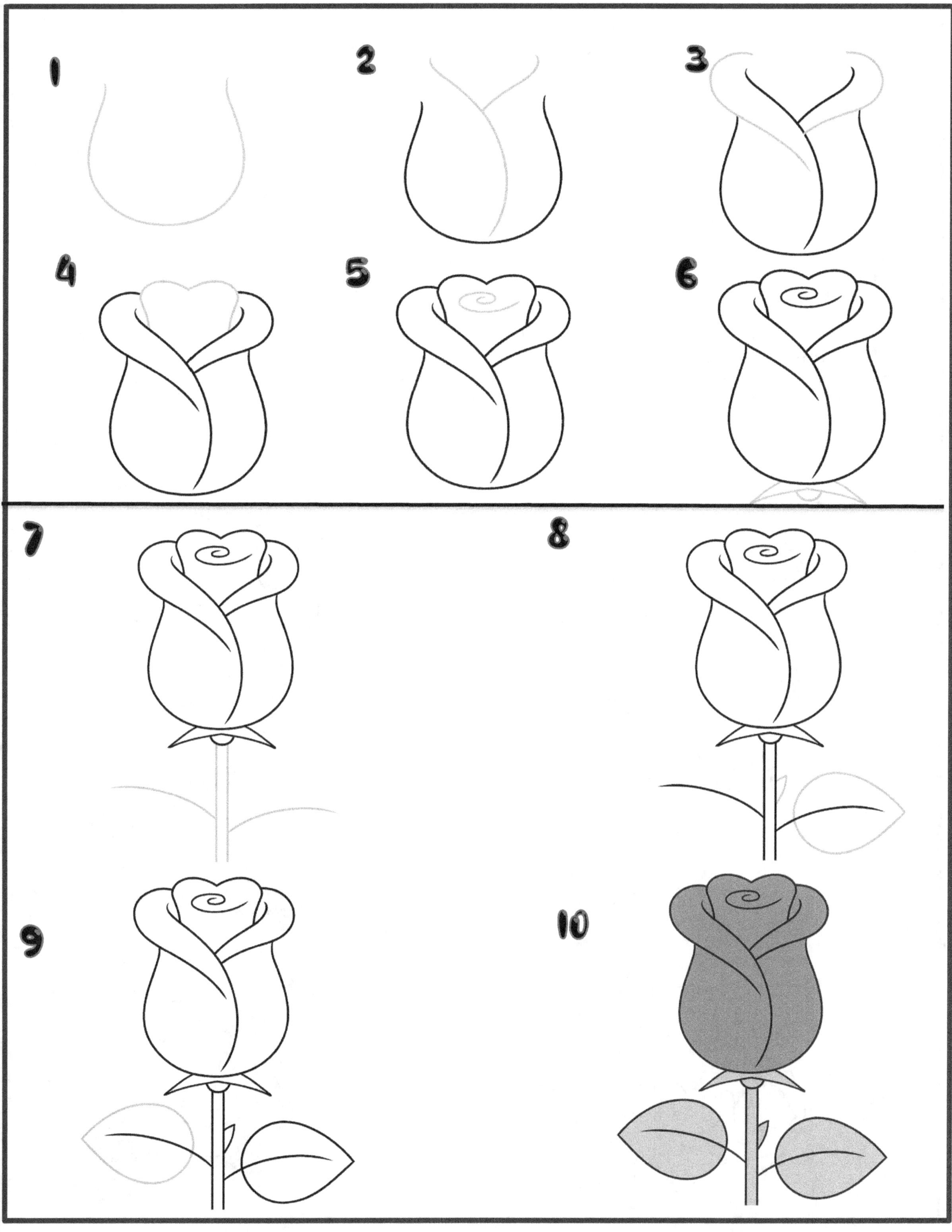
1
2
3
4
5
6
7
8
9
10

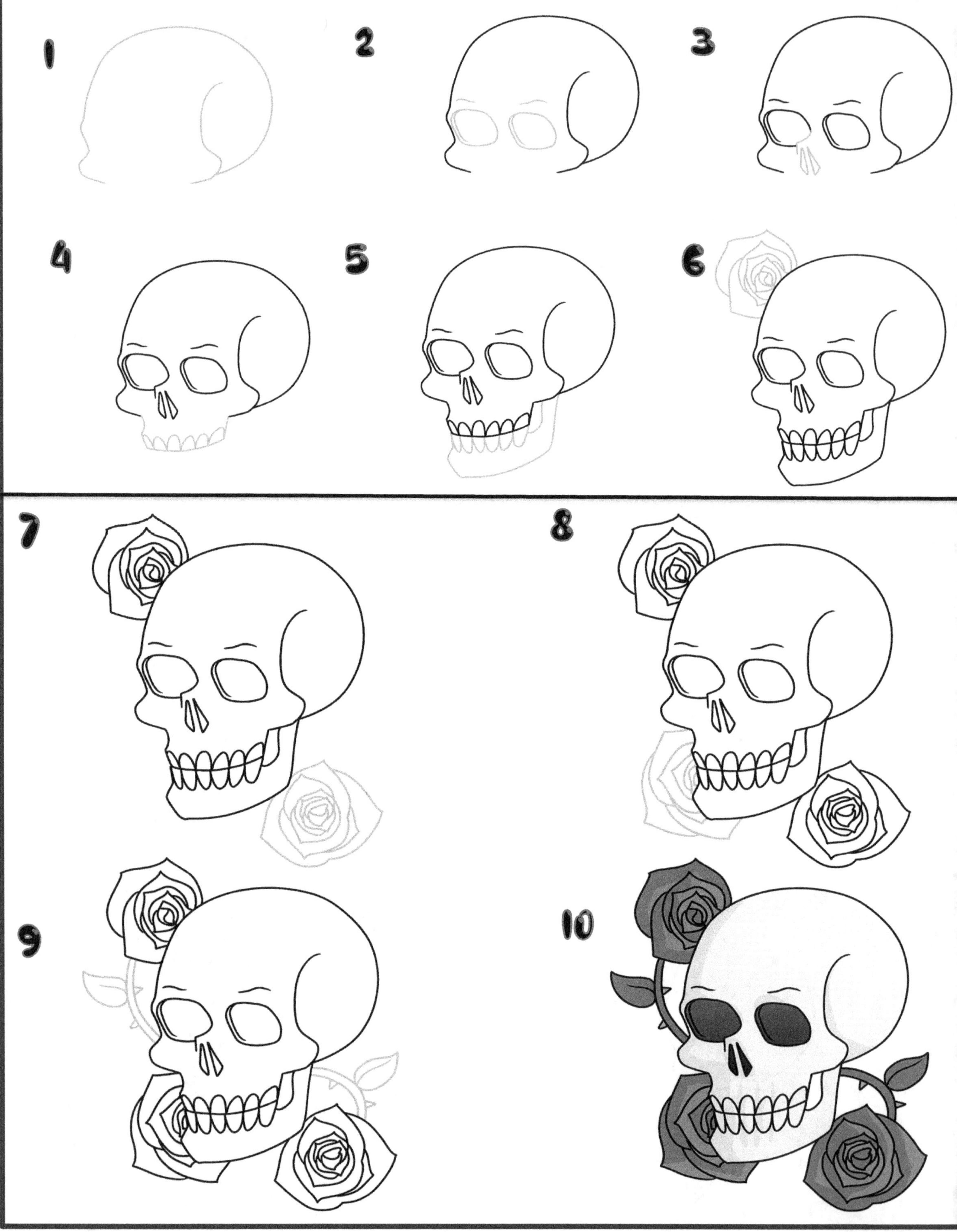

1
2
3
4
5
6
7
8
9
10

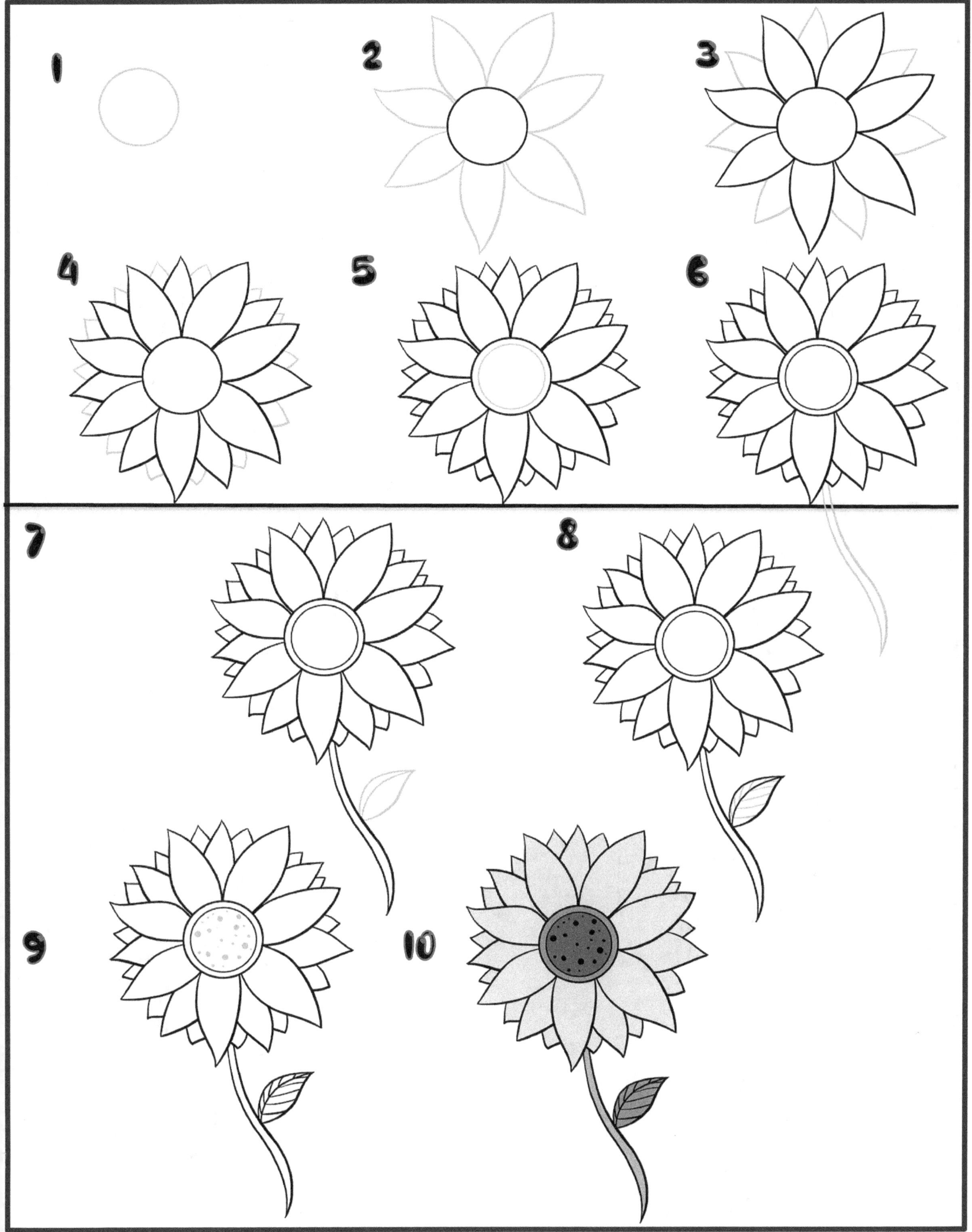

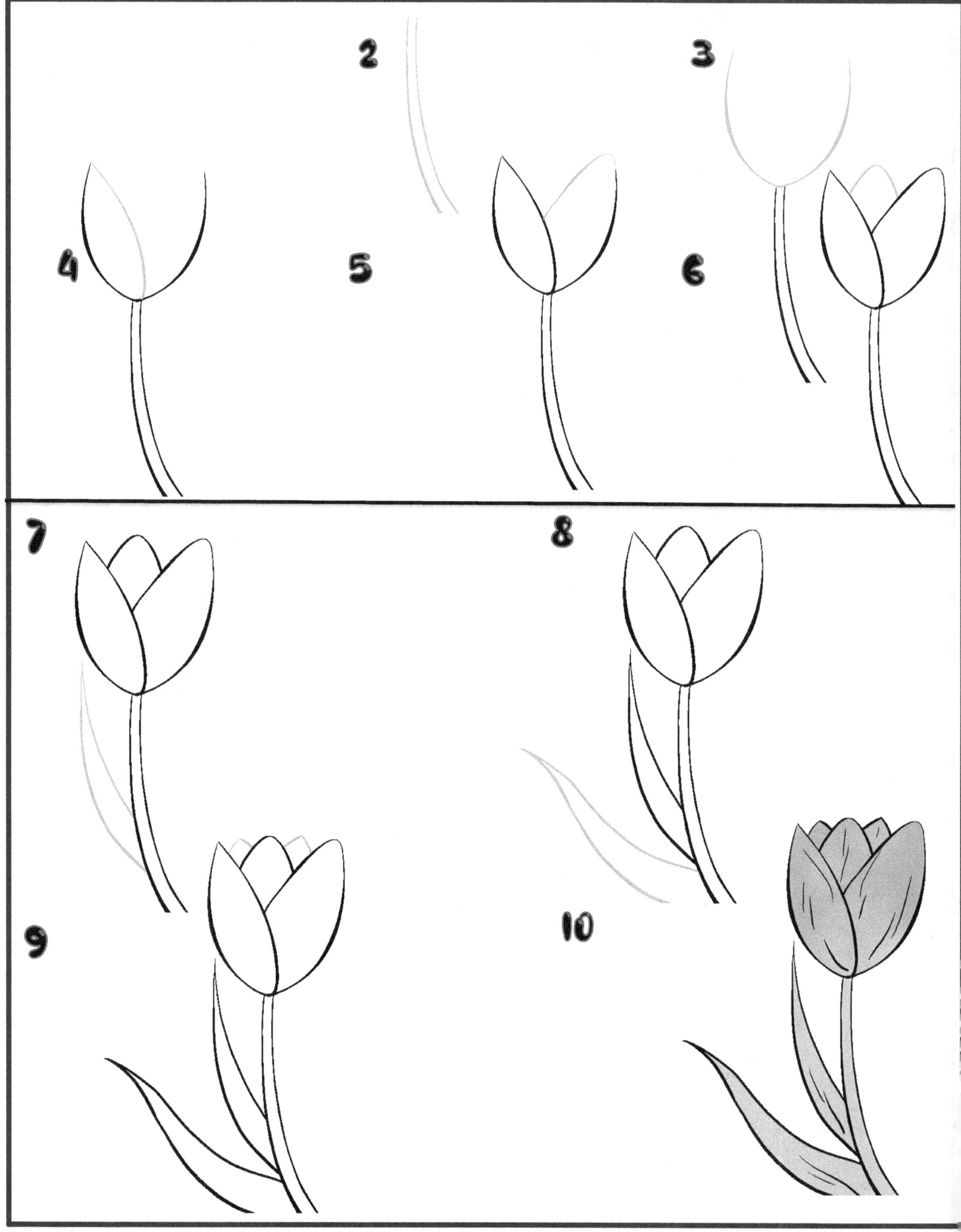

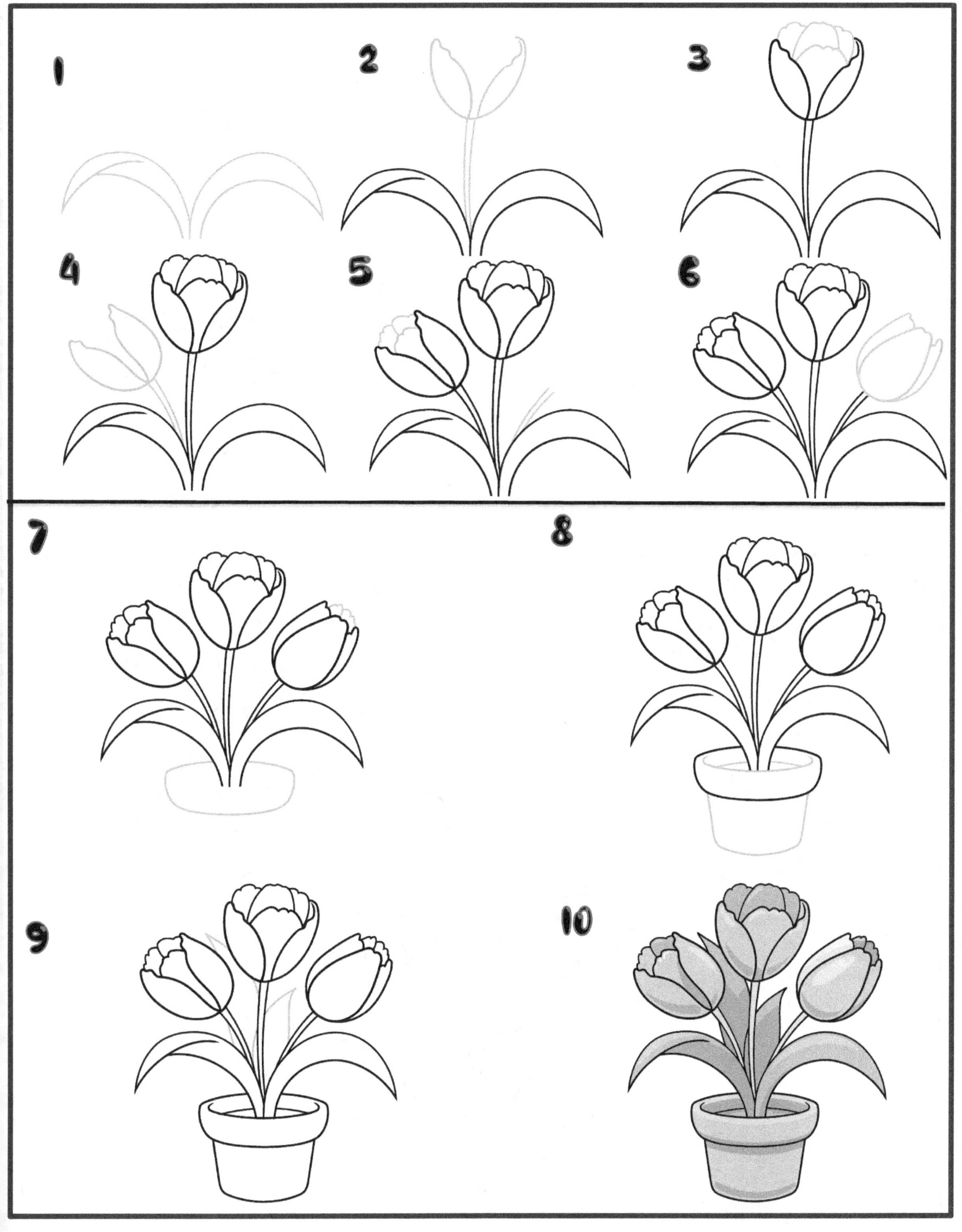

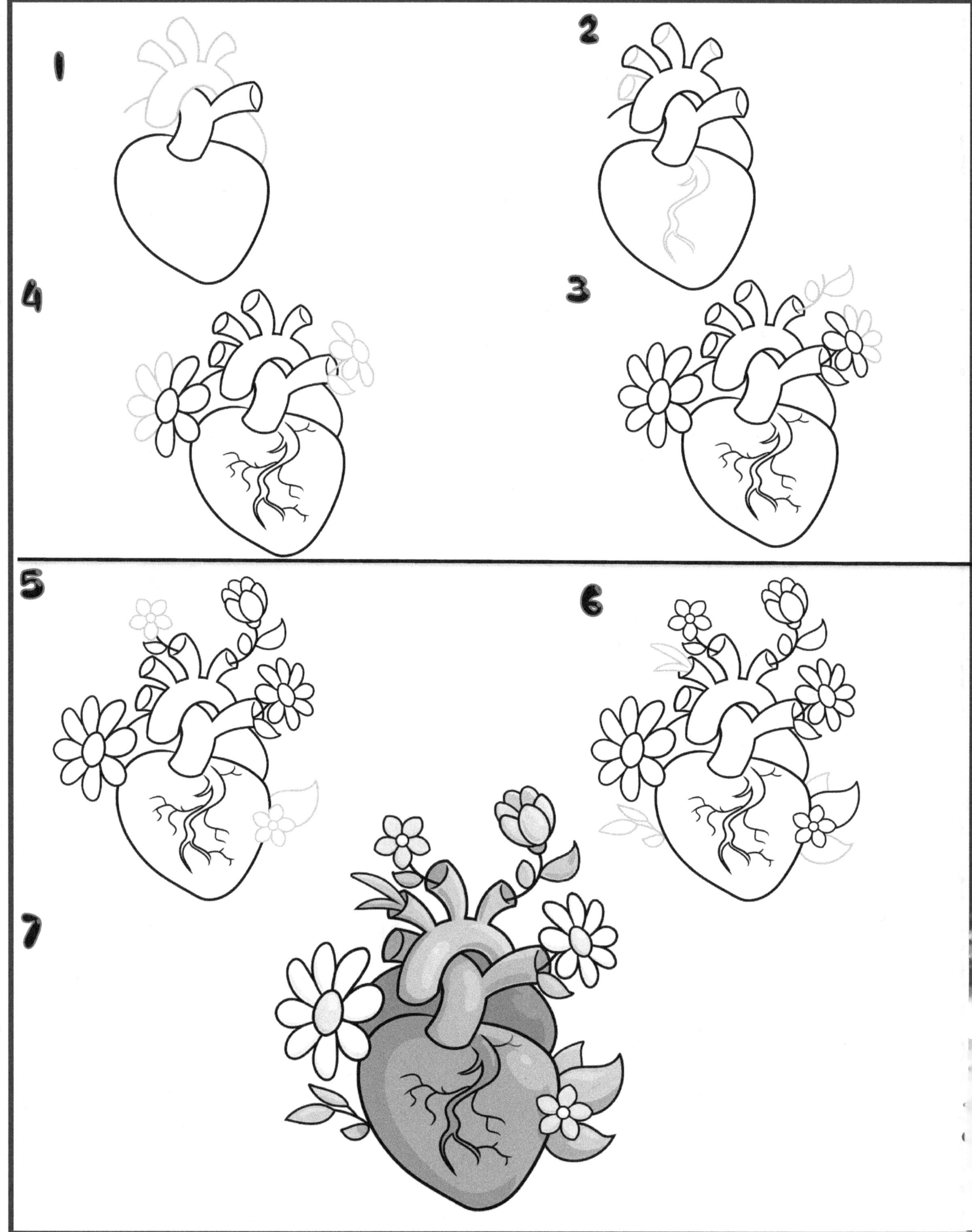

1
2
3
4
5
6
7

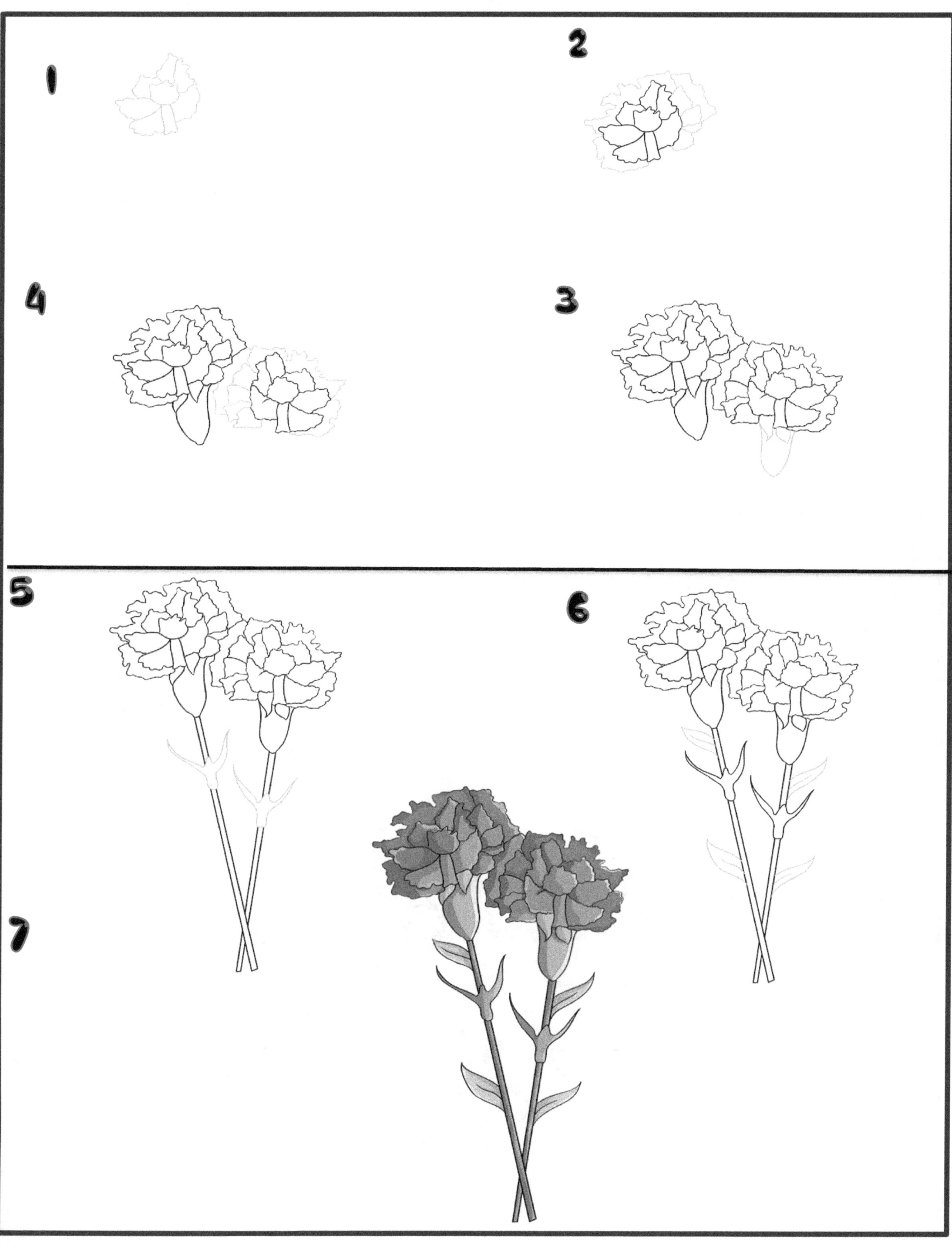

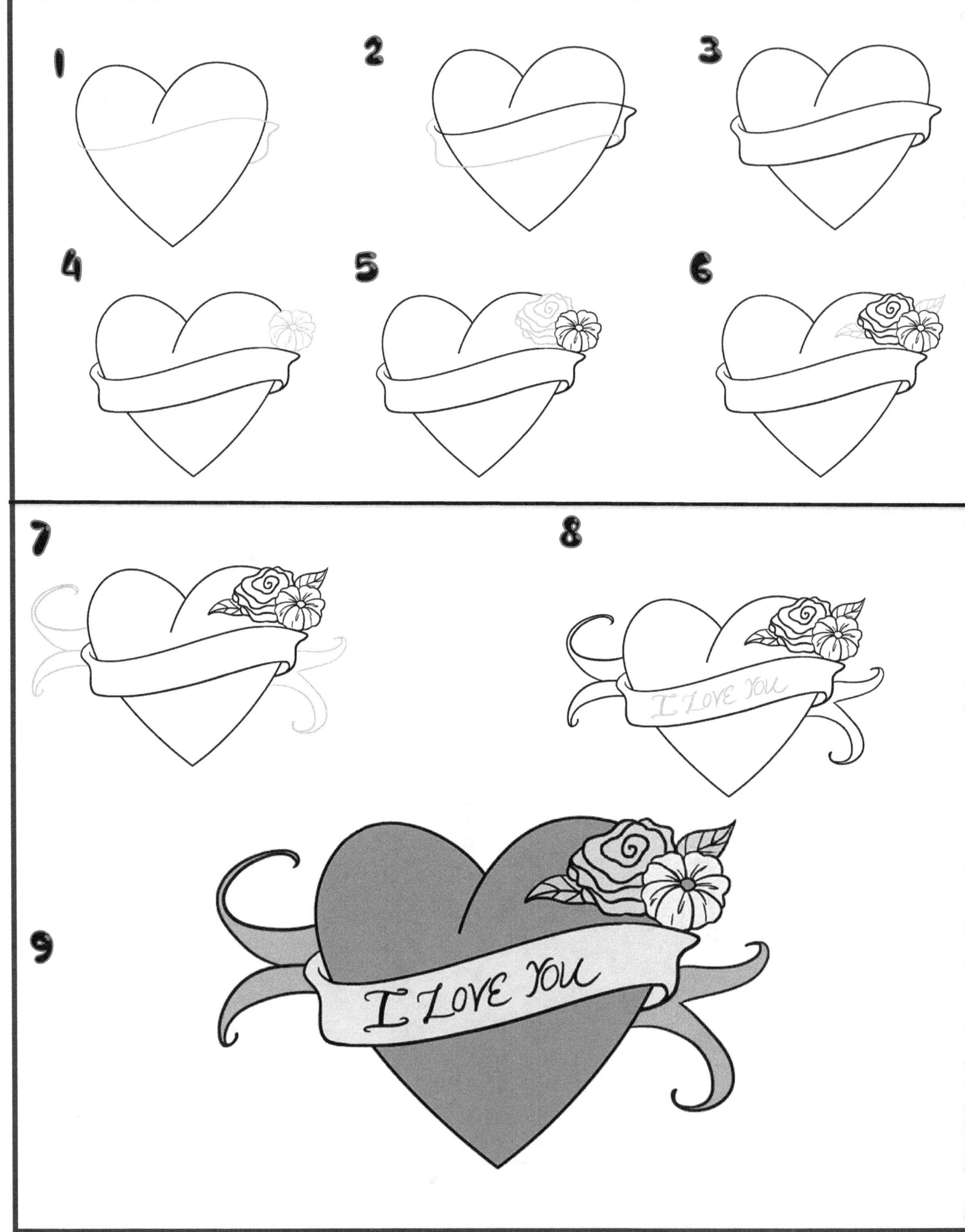
I LOVE YOU
I LOVE YOU

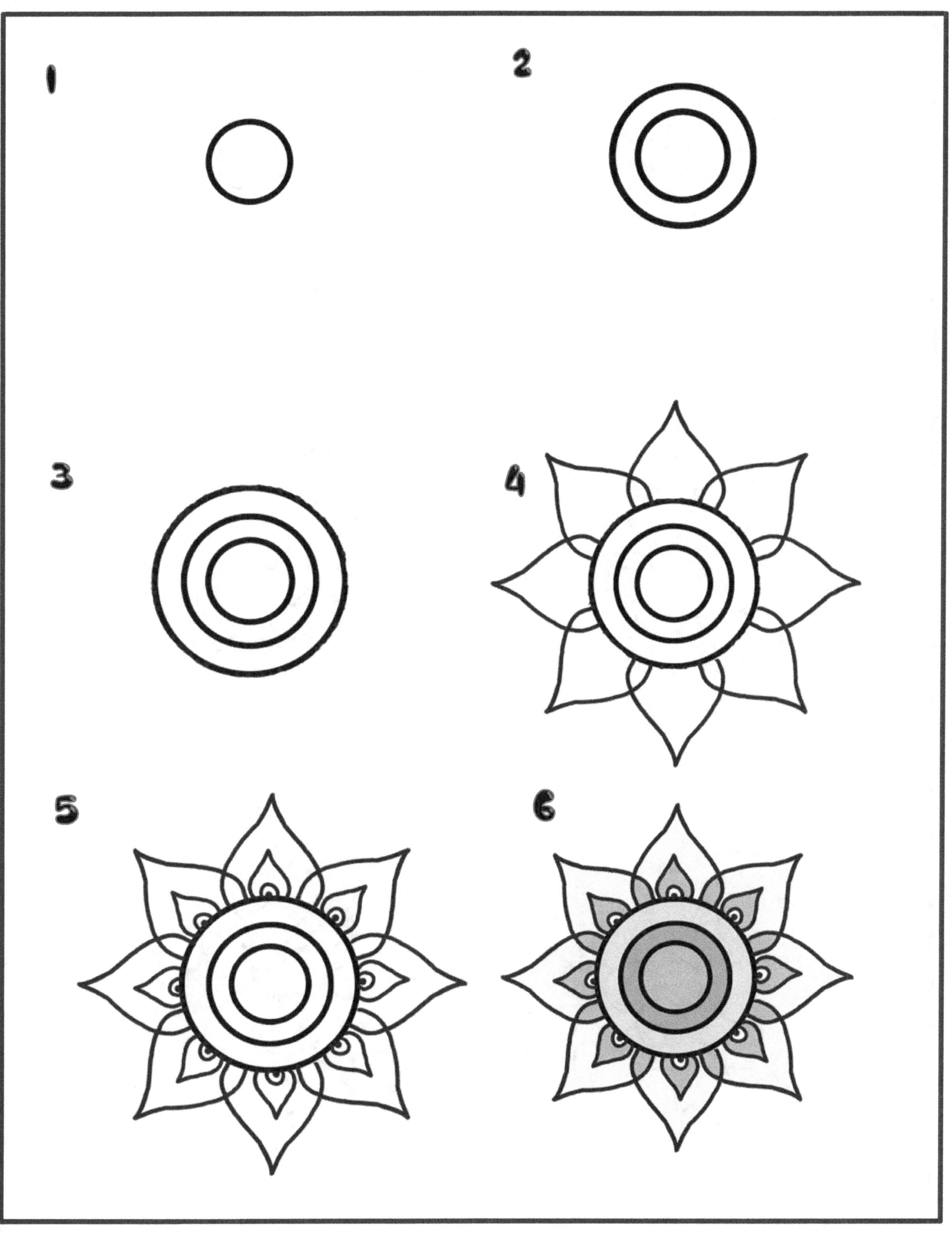

1
2
3
4
5
6

1

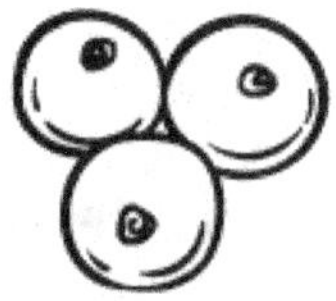

2

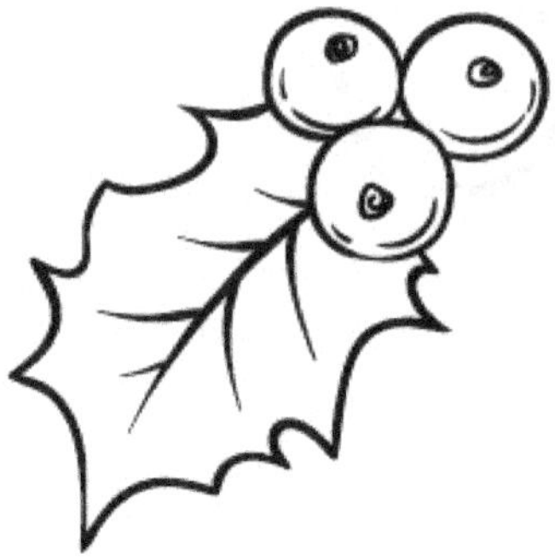

3

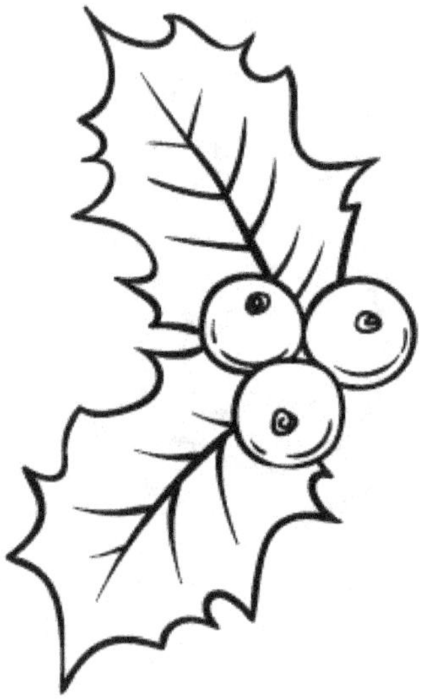

4

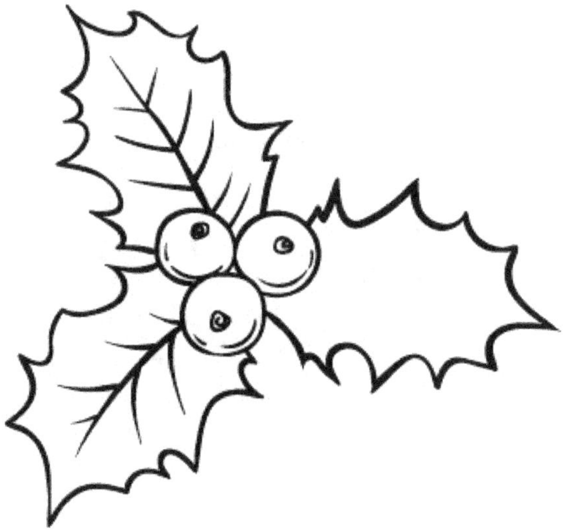

5

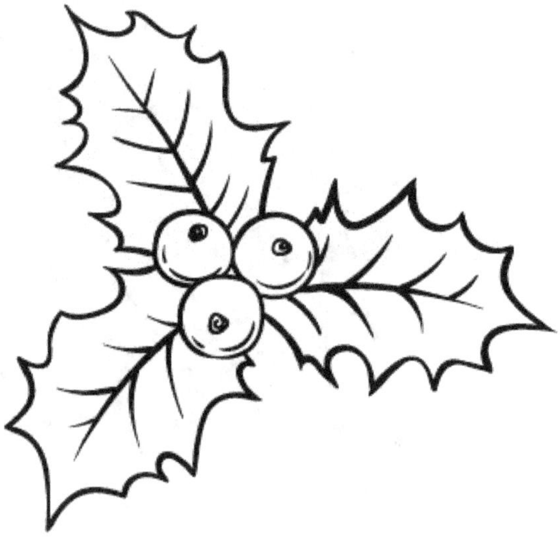

6

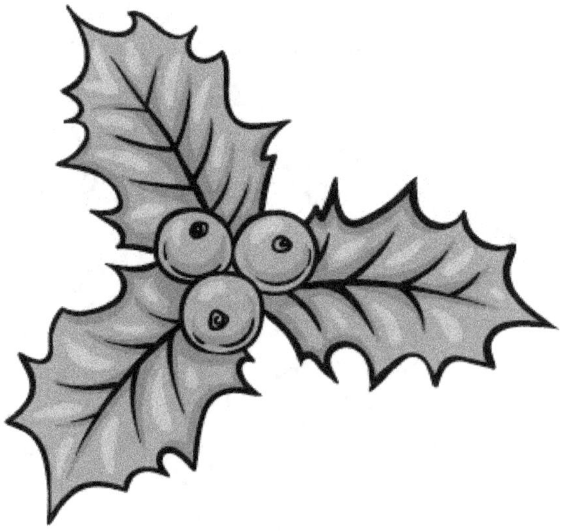

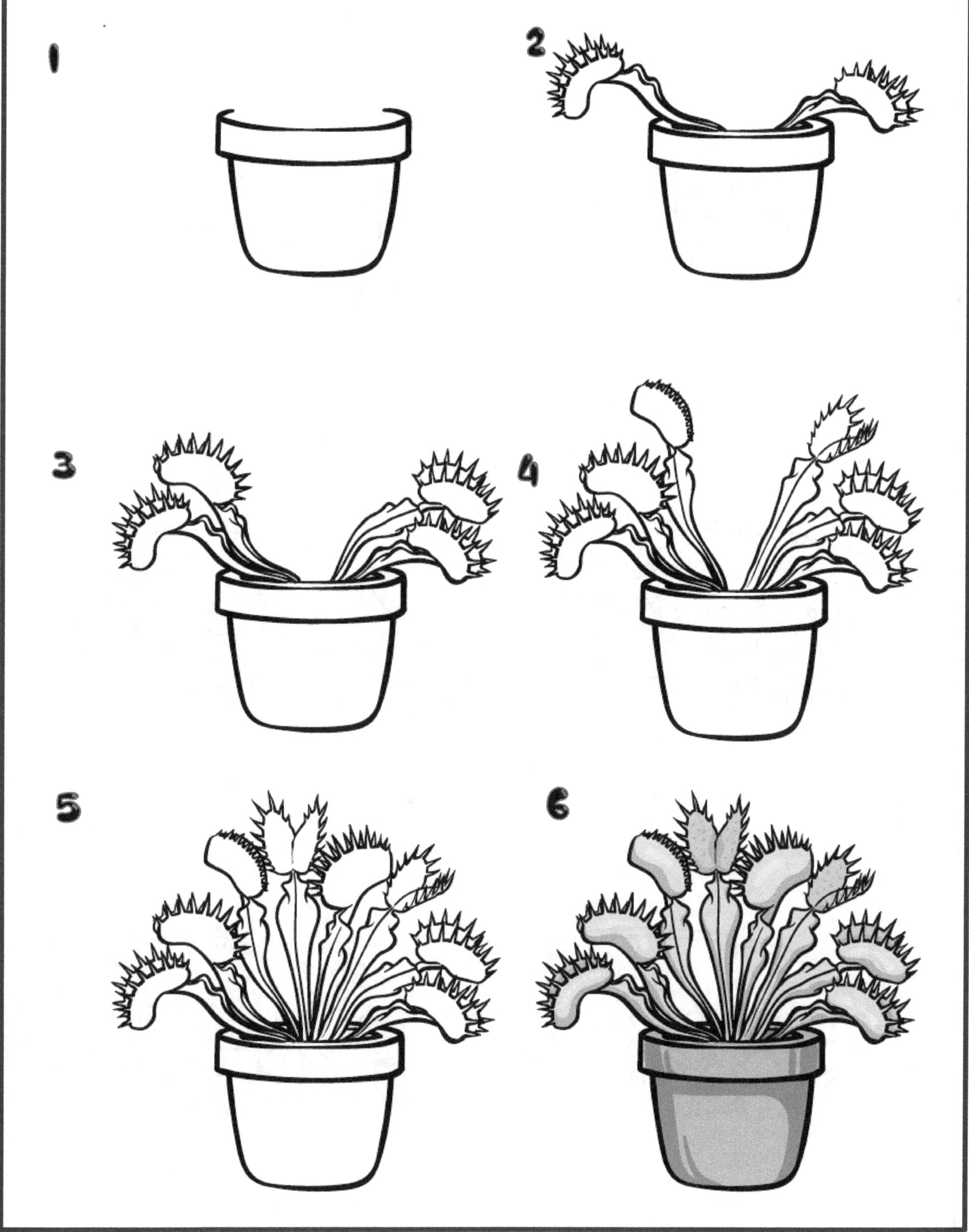

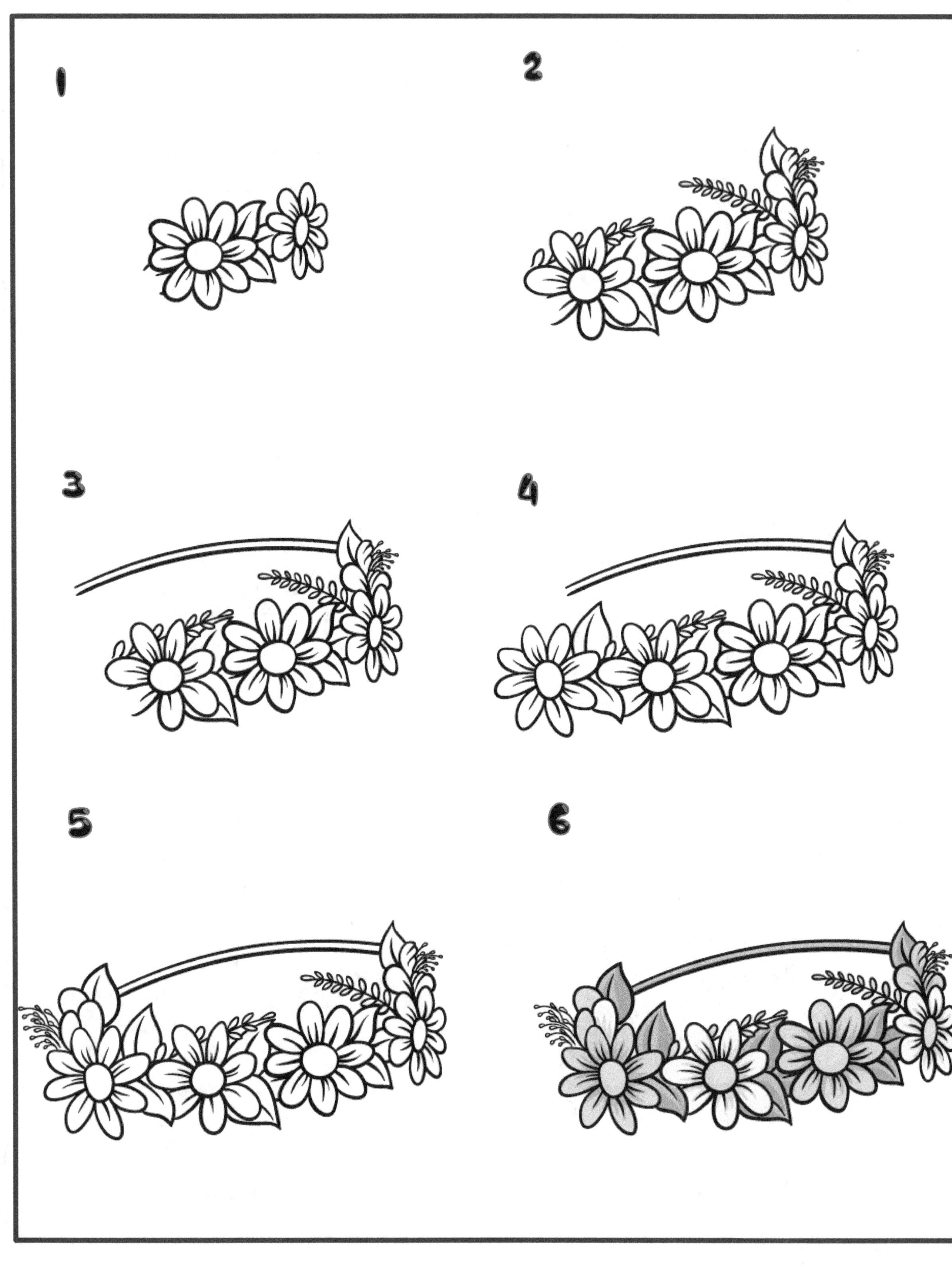

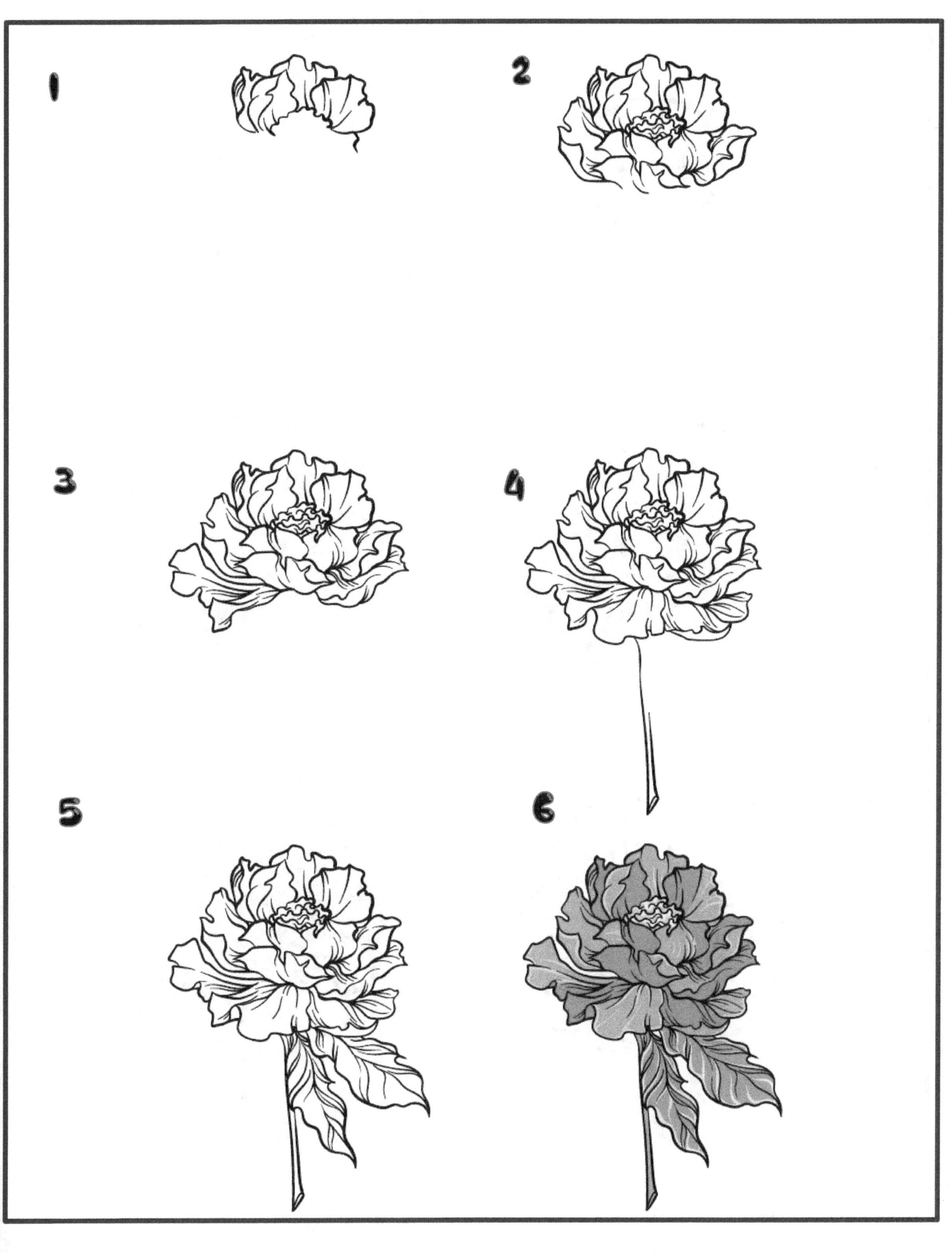

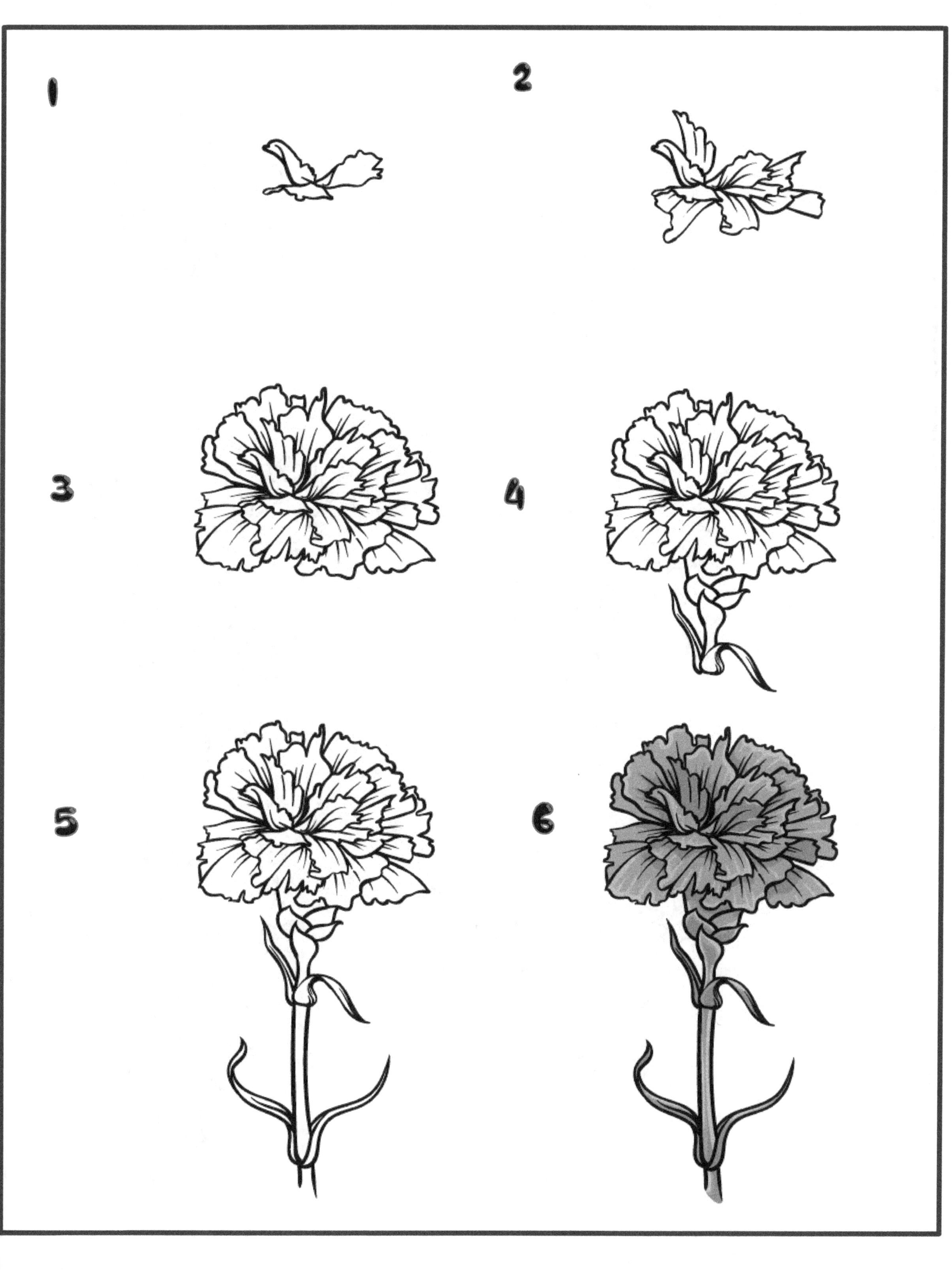

1
2
3
4
5
6

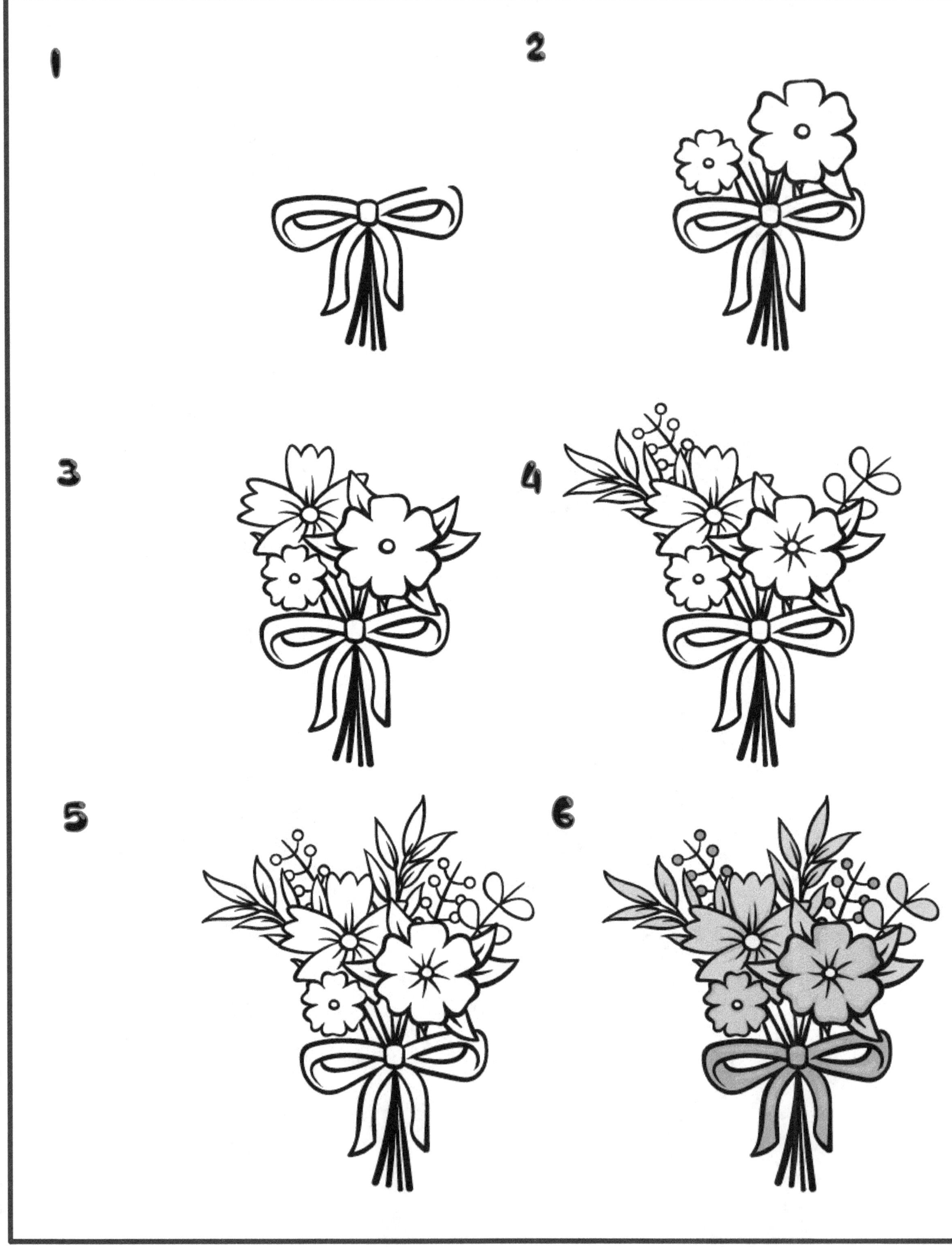

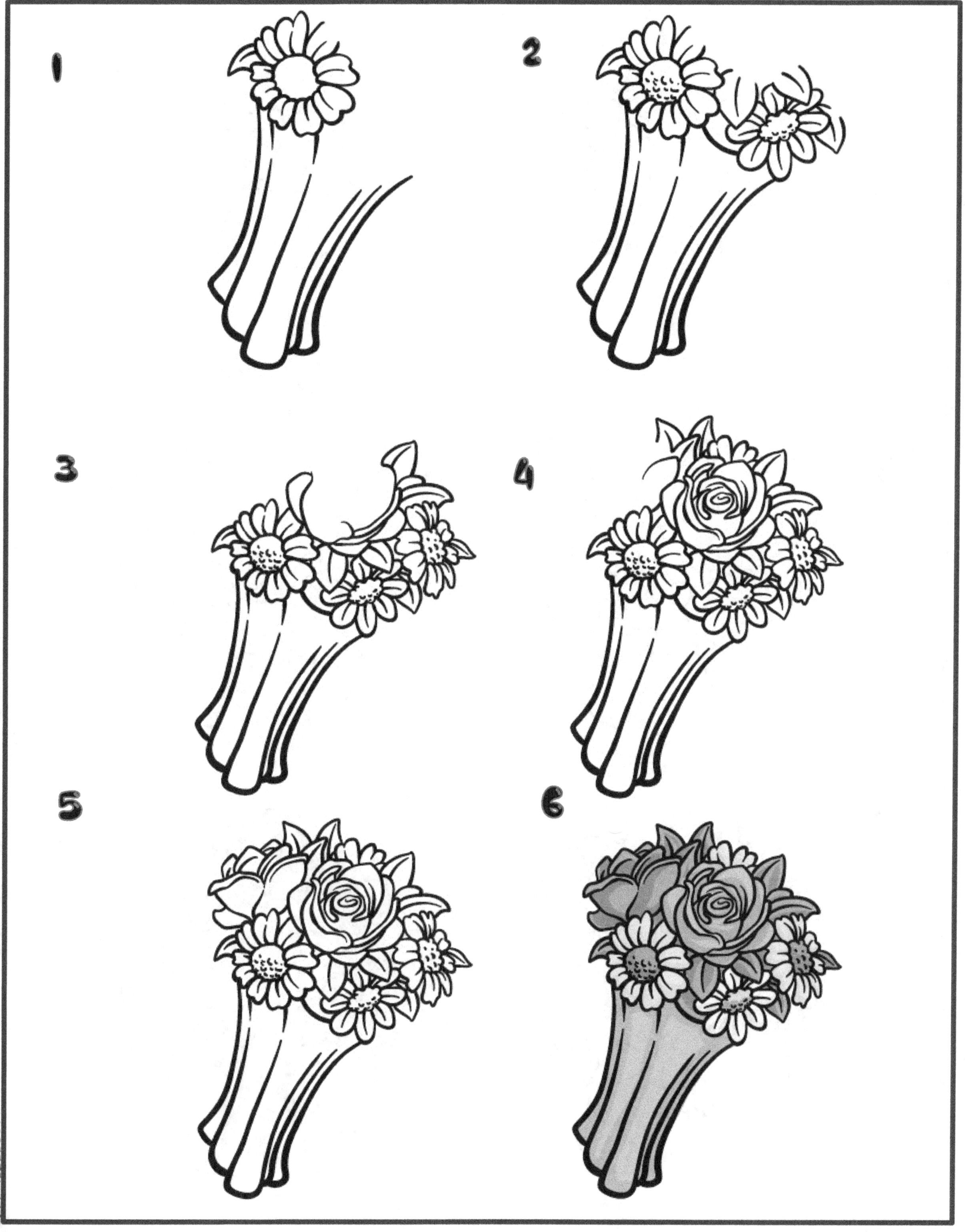

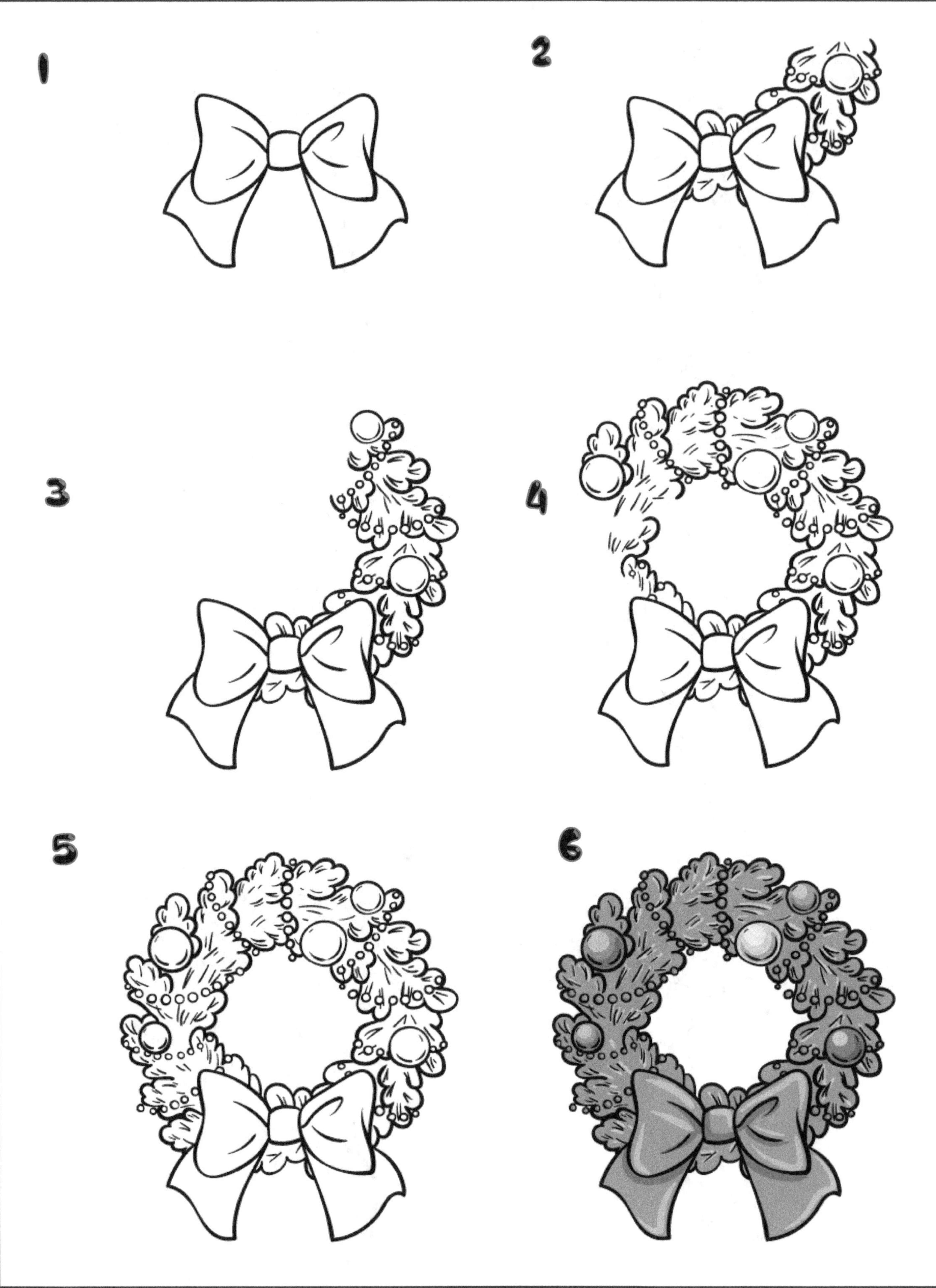

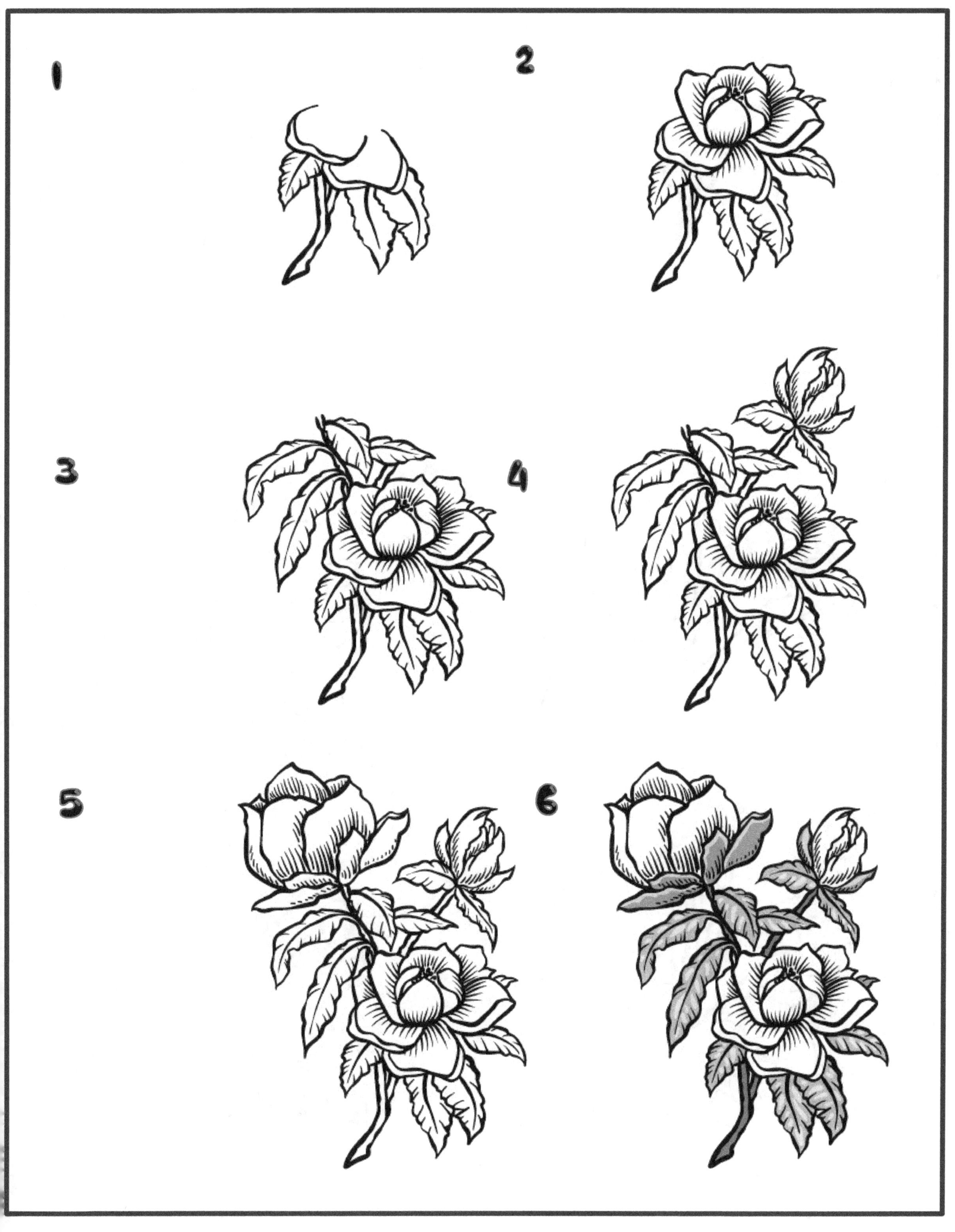
1
2
3
4
5
6

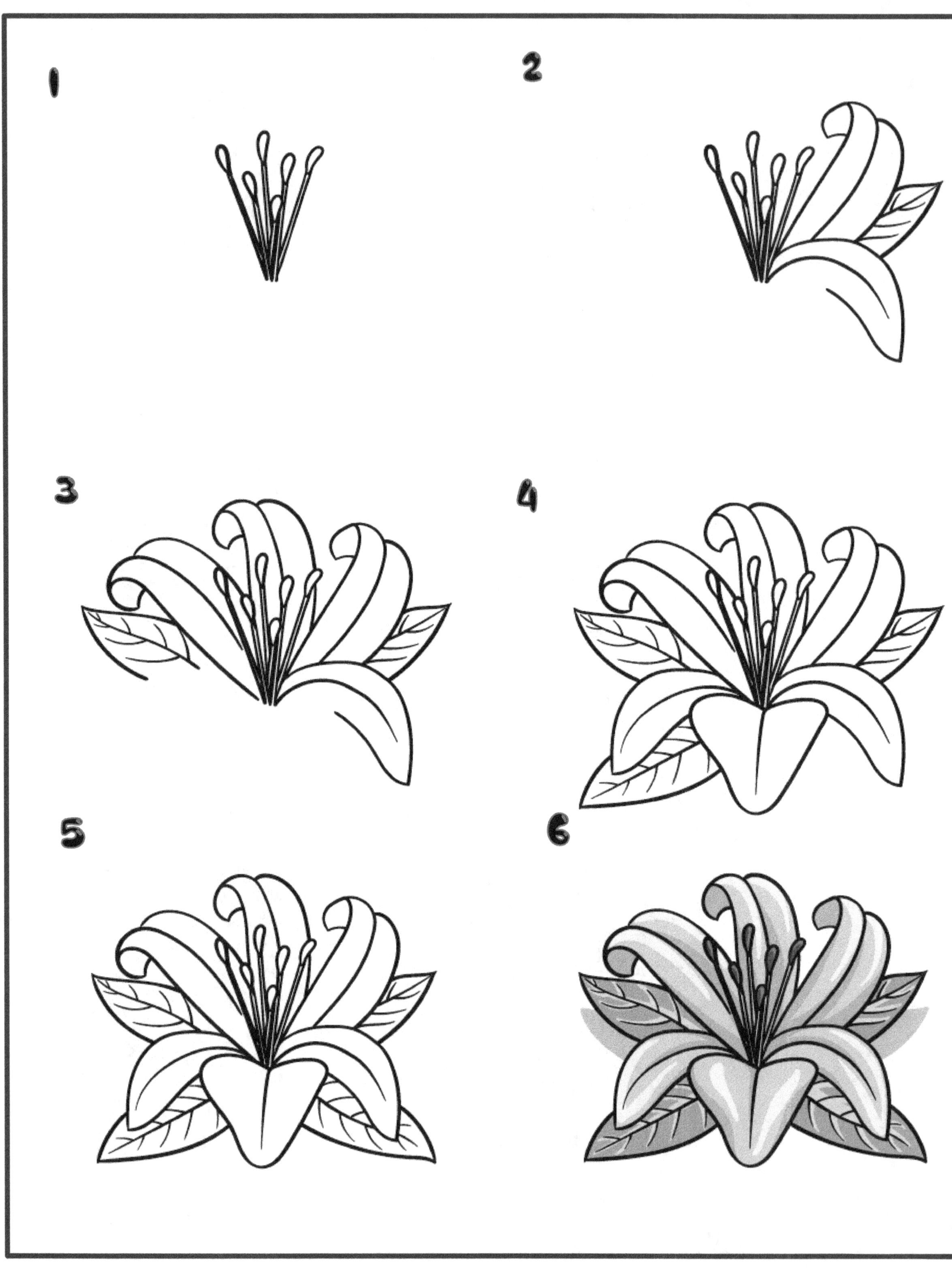

1
2
3
4
5
6

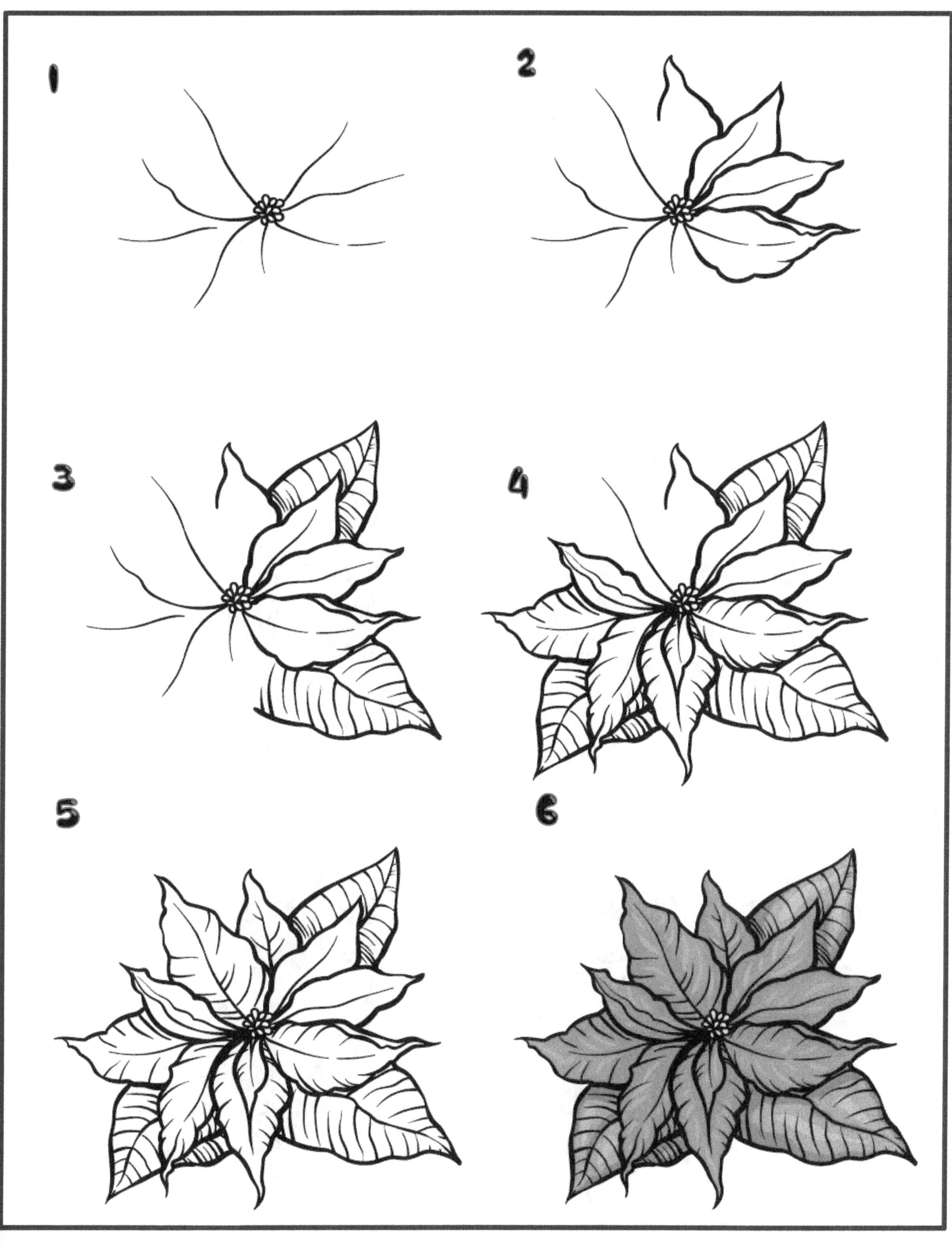
1
2
3
4
5
6

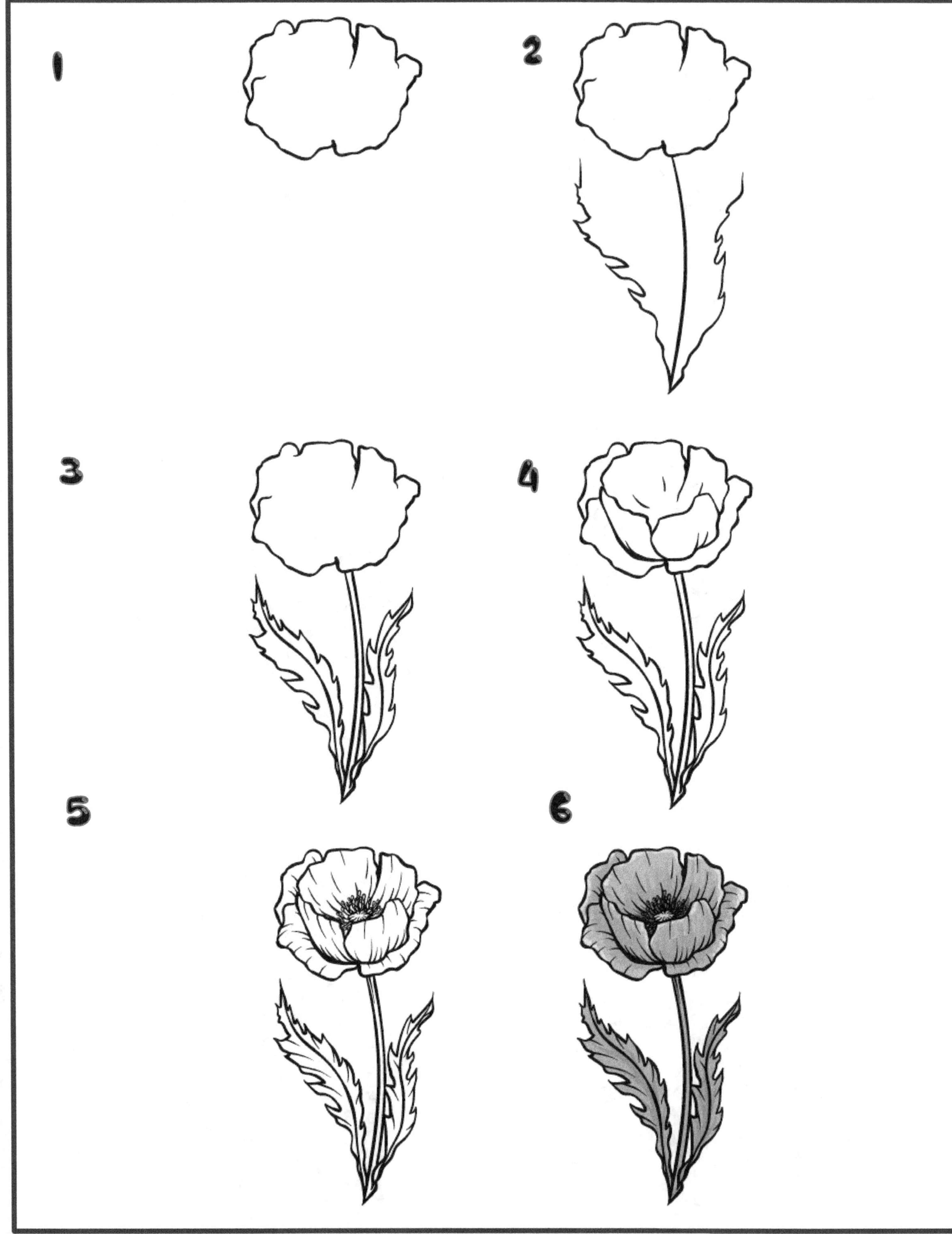

1
2
3
4
5
6

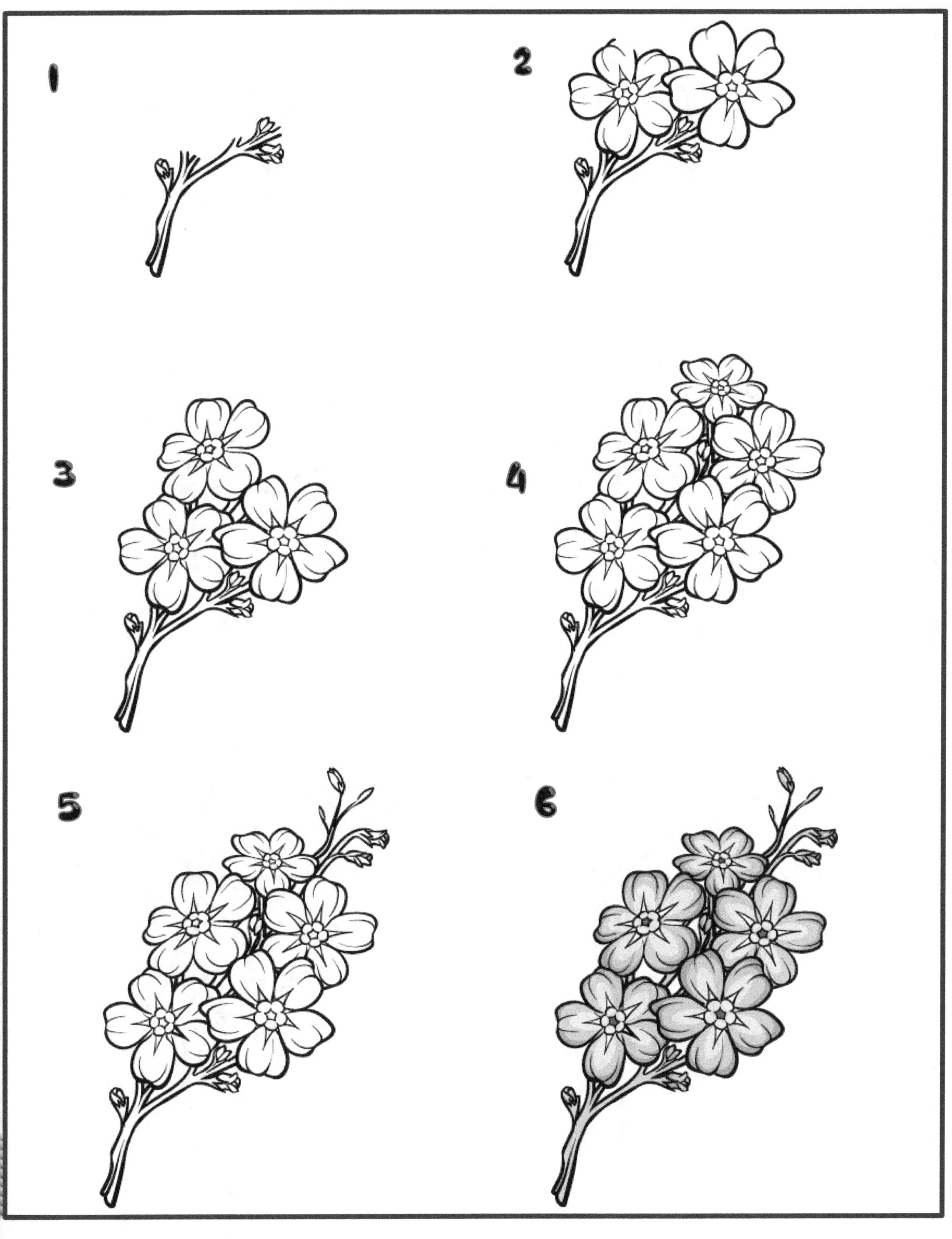

1
2
3
4
5
6

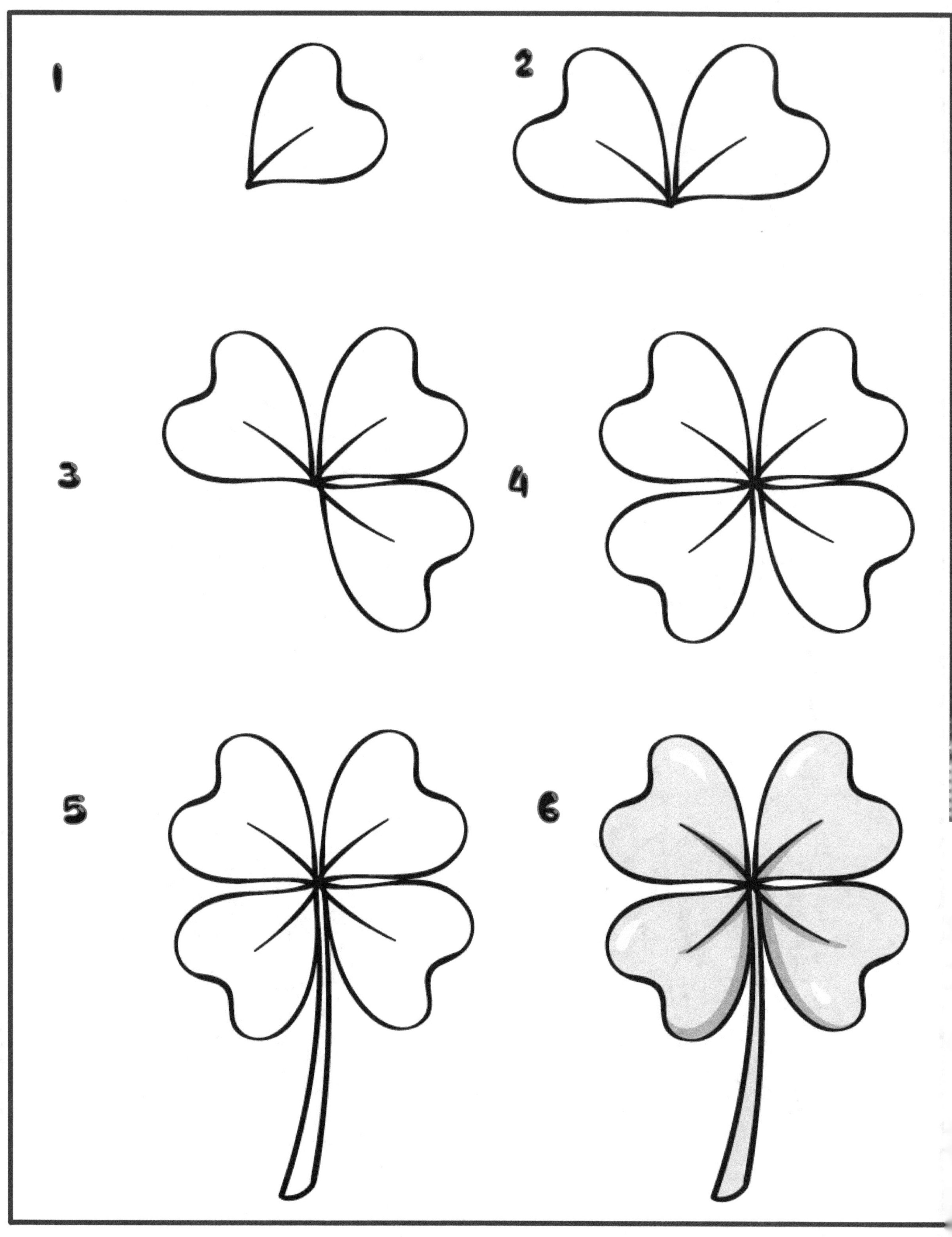
1
2
3
4
5
6

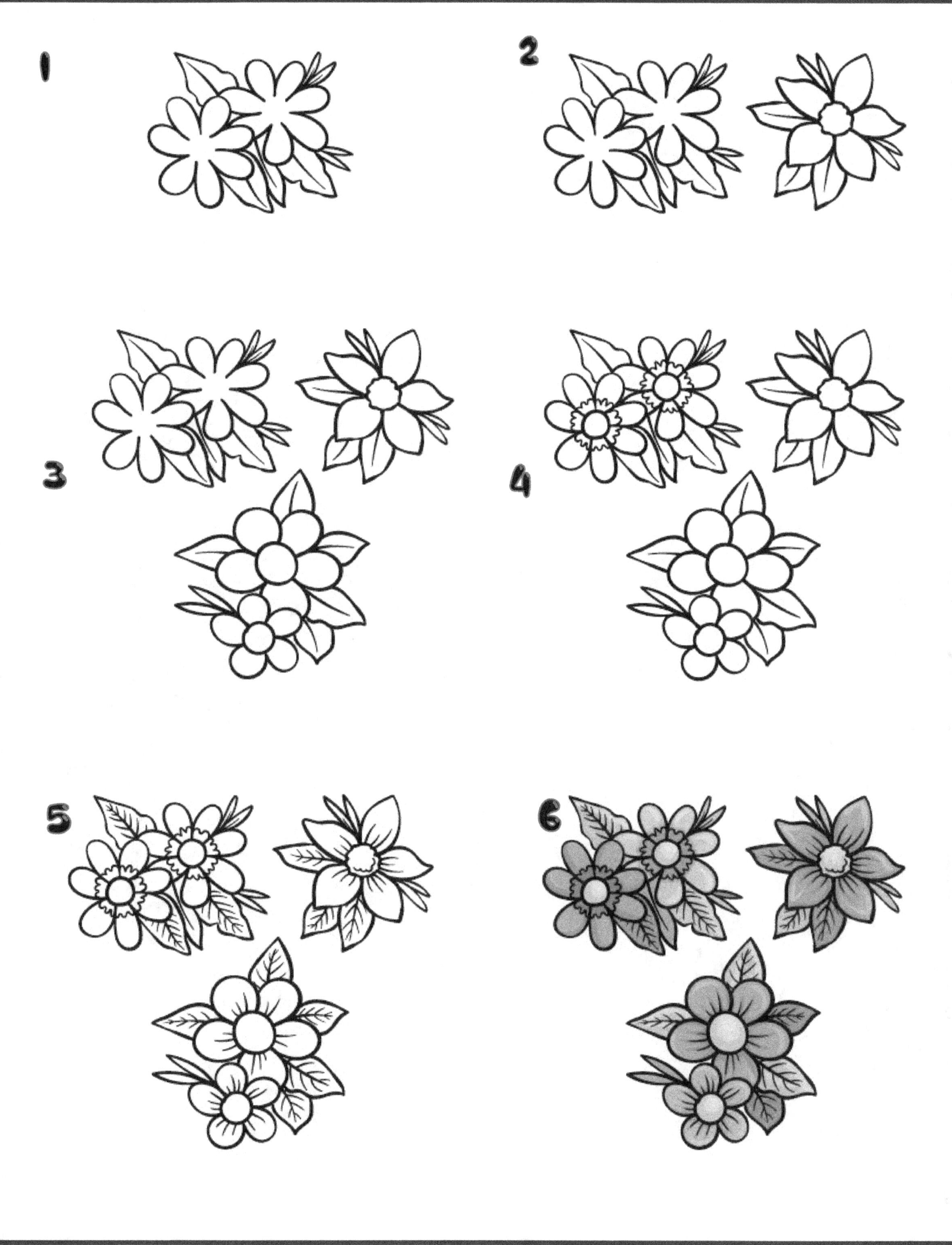

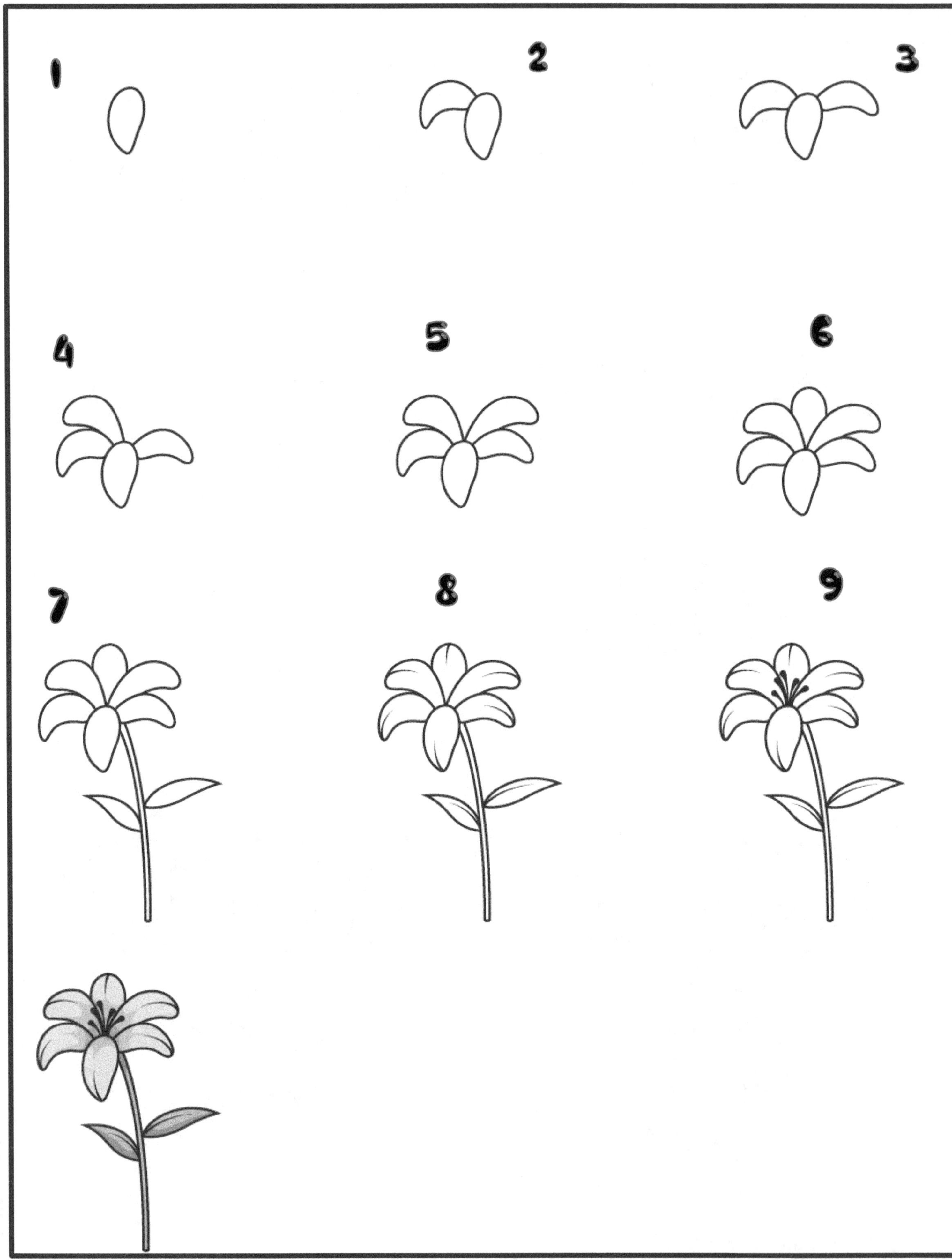

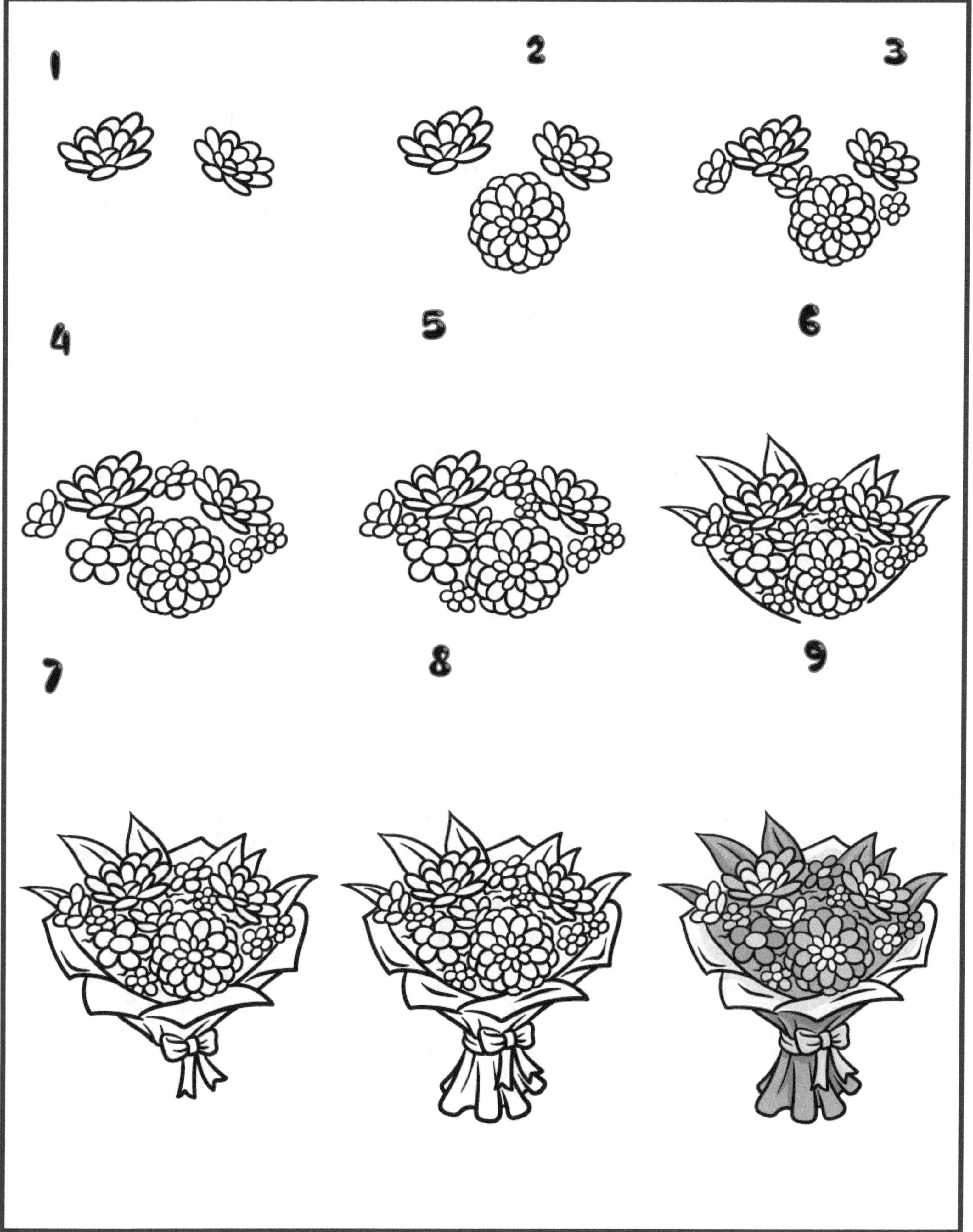

1
2
3
4
5
6
7
8
9

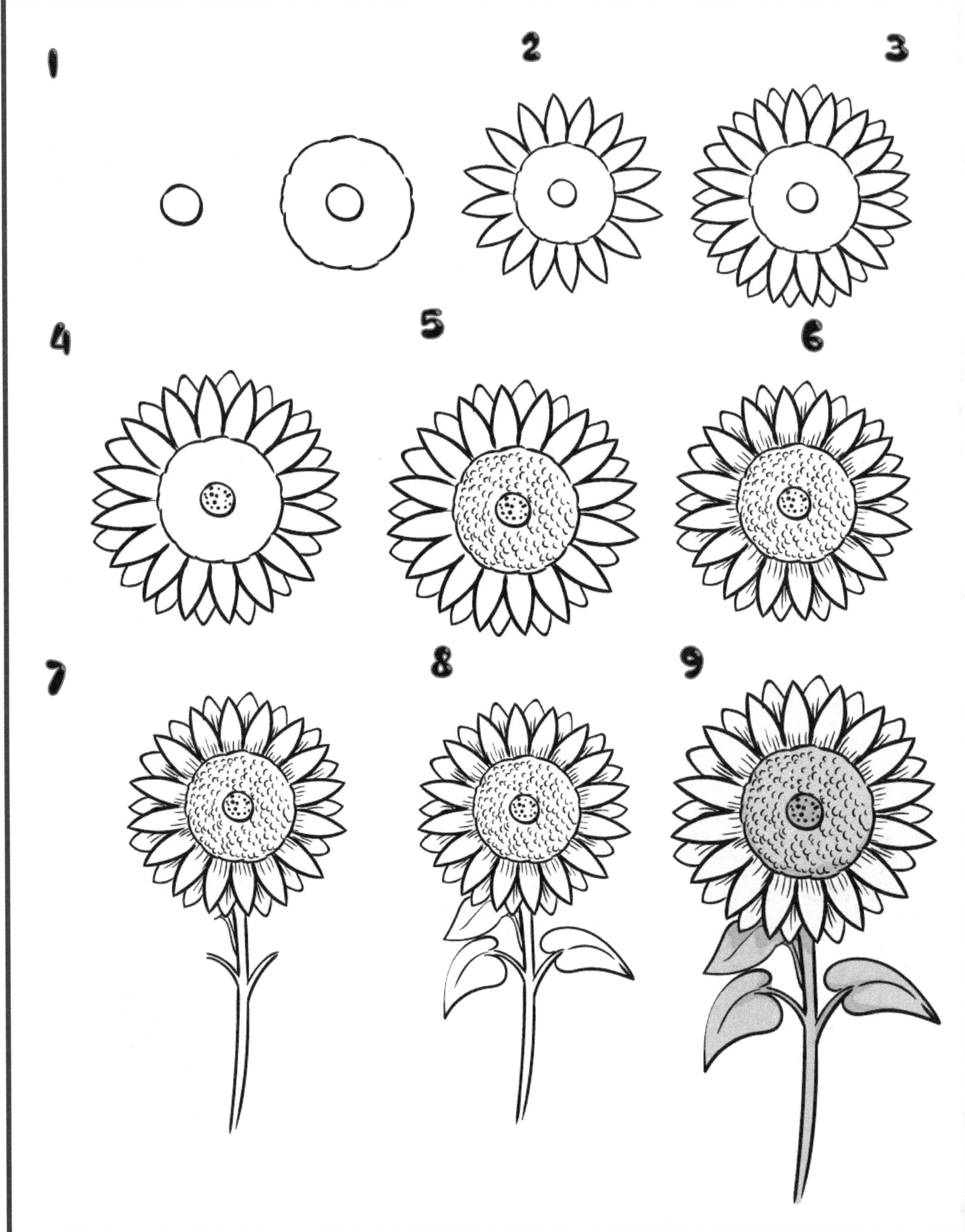

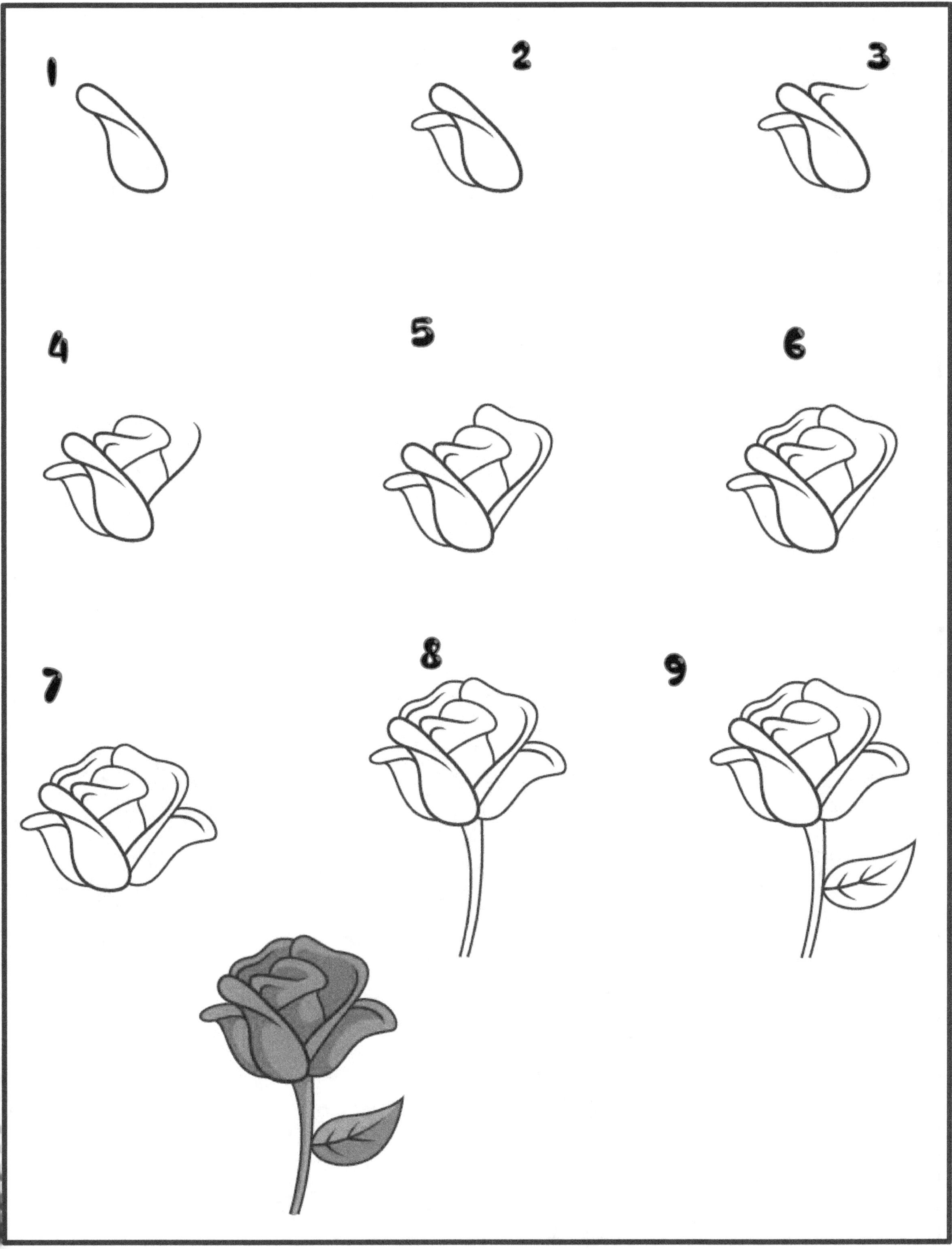

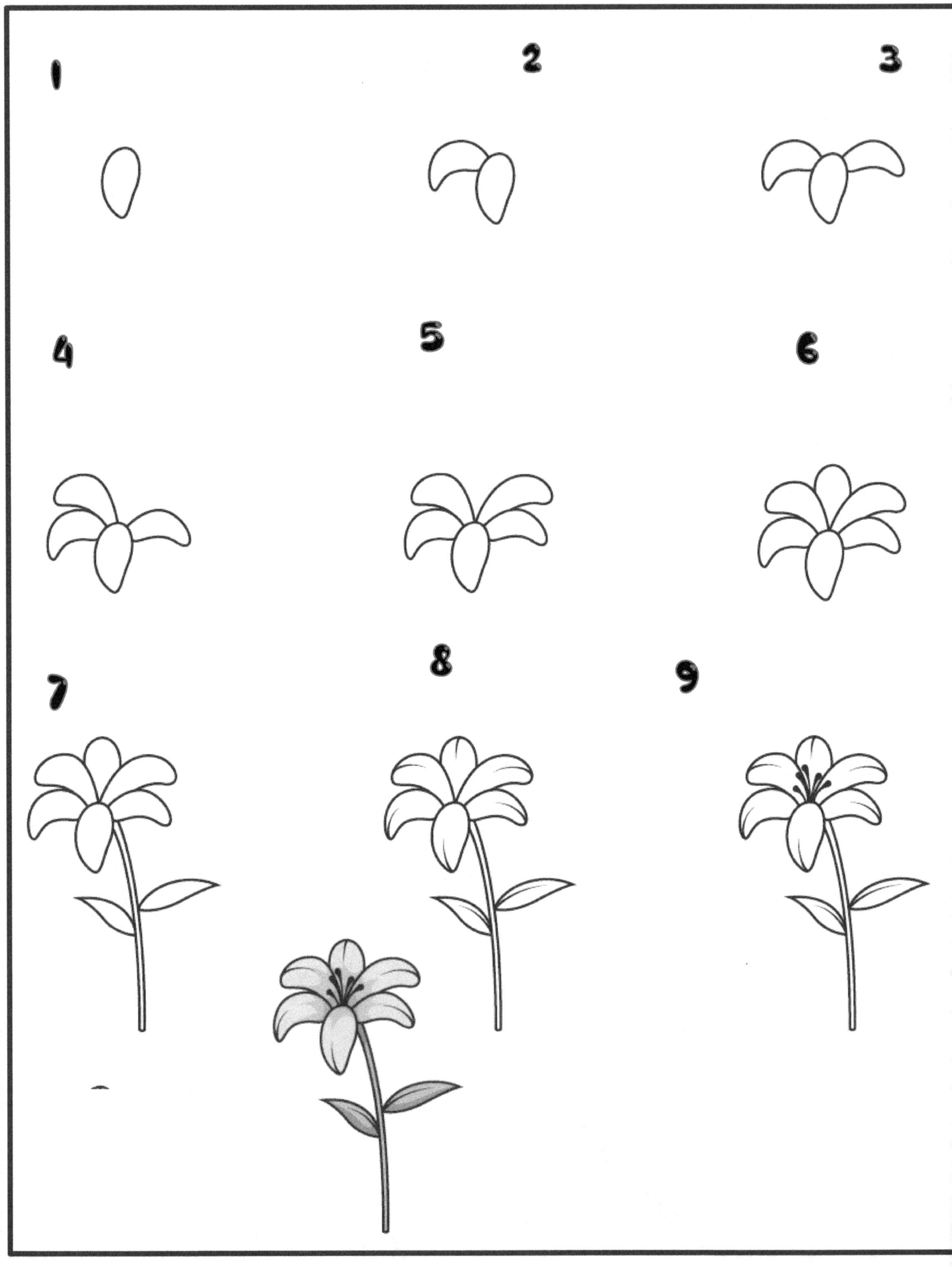

1
2
3
4
5
6
7
8
9

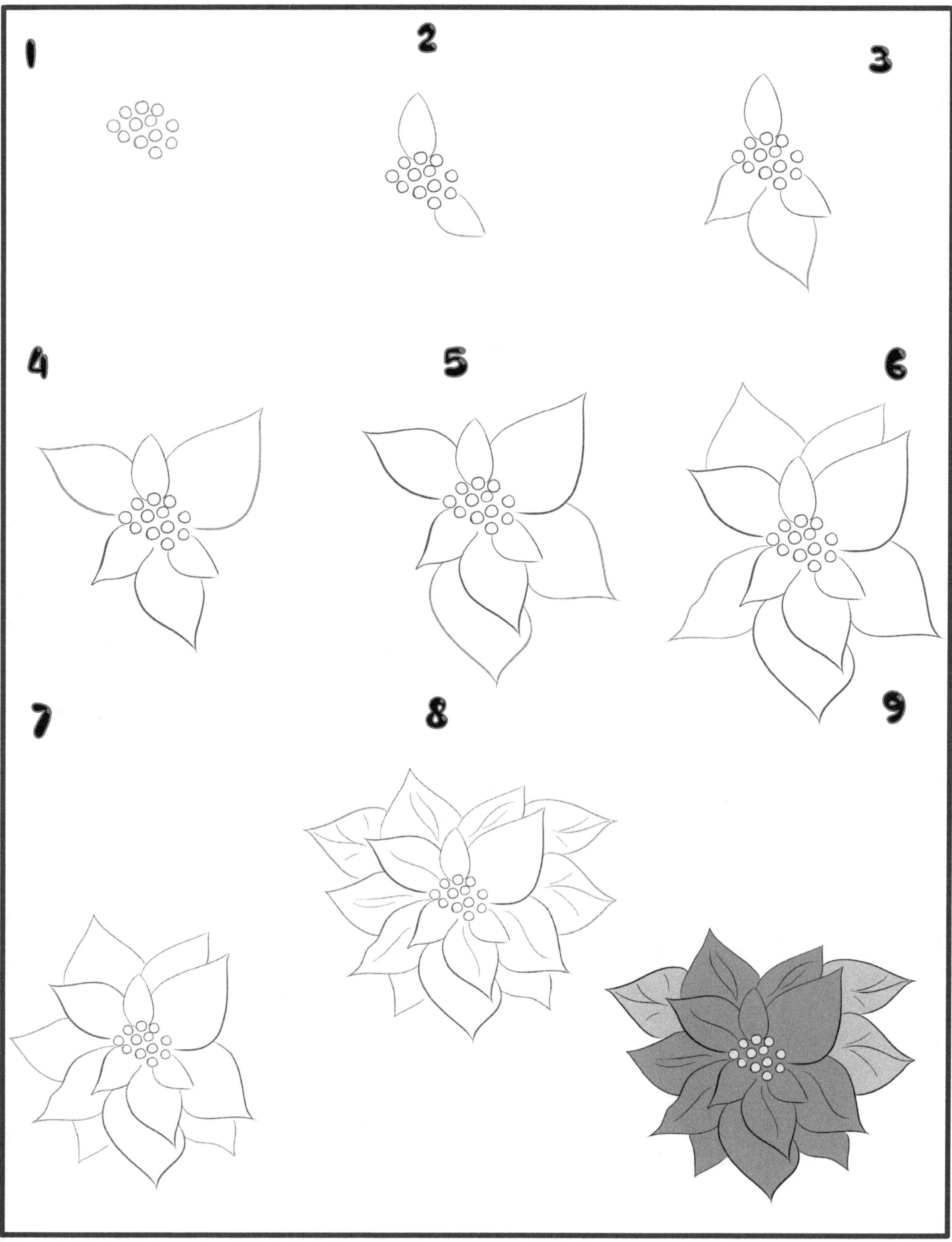

1
2
3
4
5
6
7
8
9

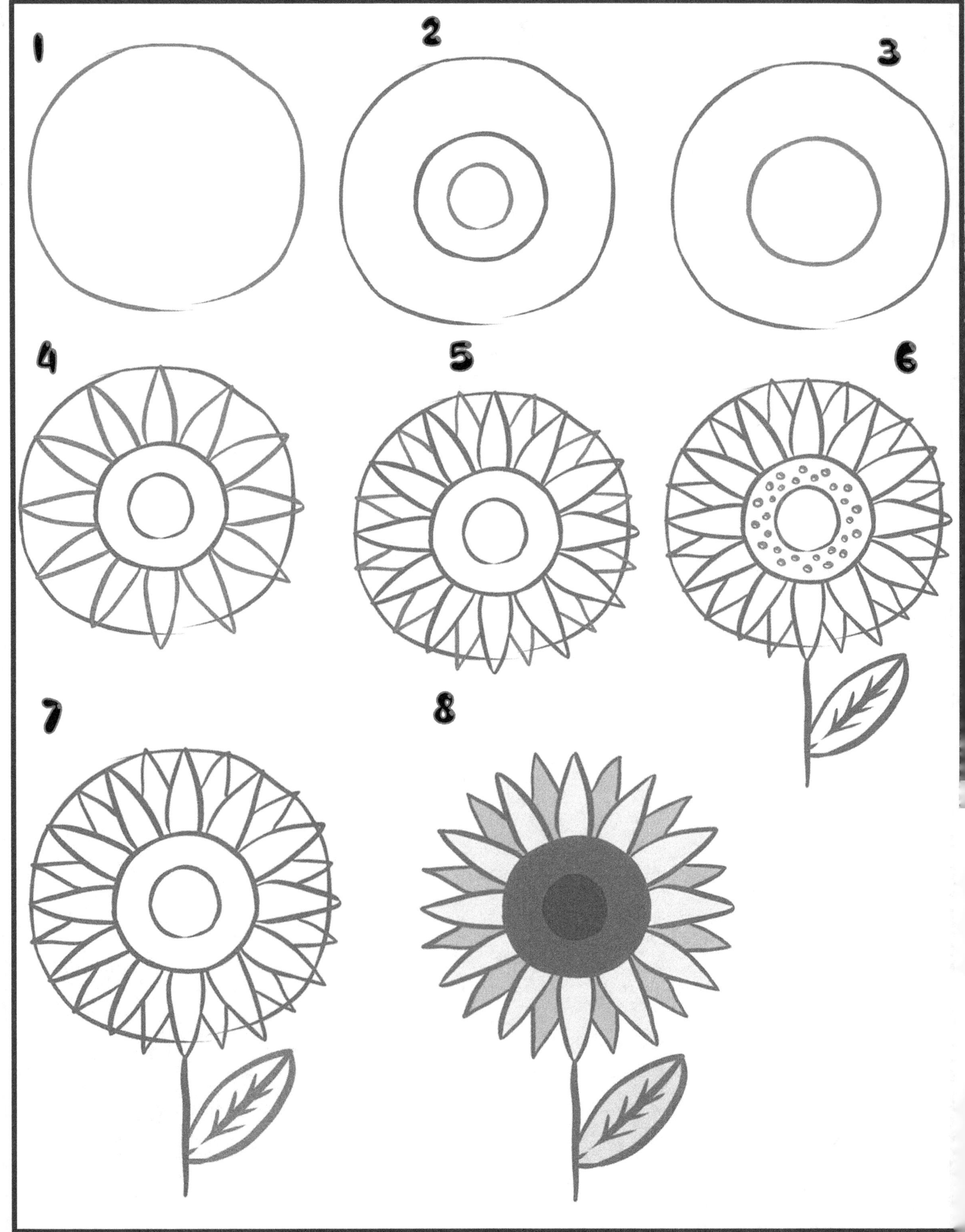

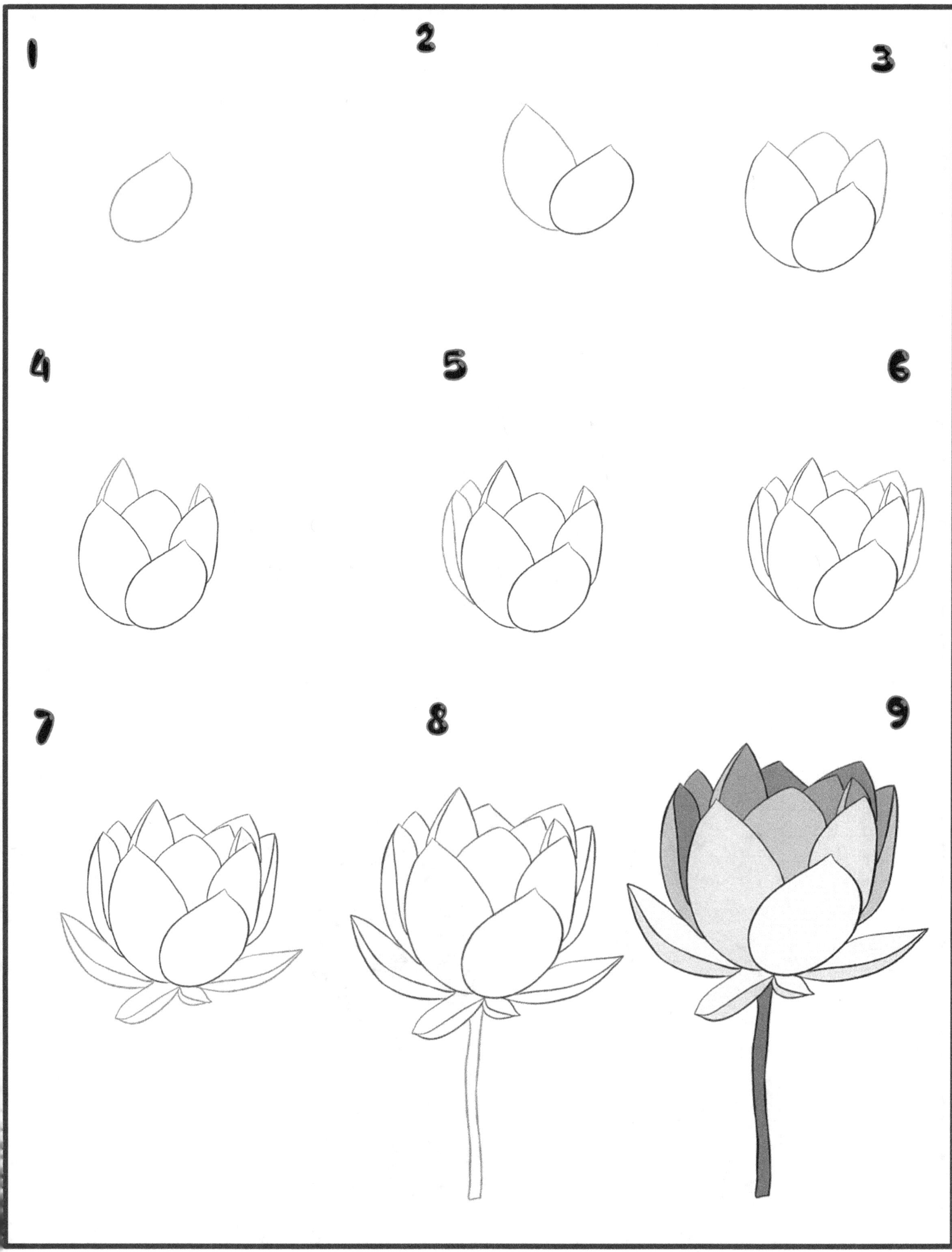
1
2
3
4
5
6
7
8
9

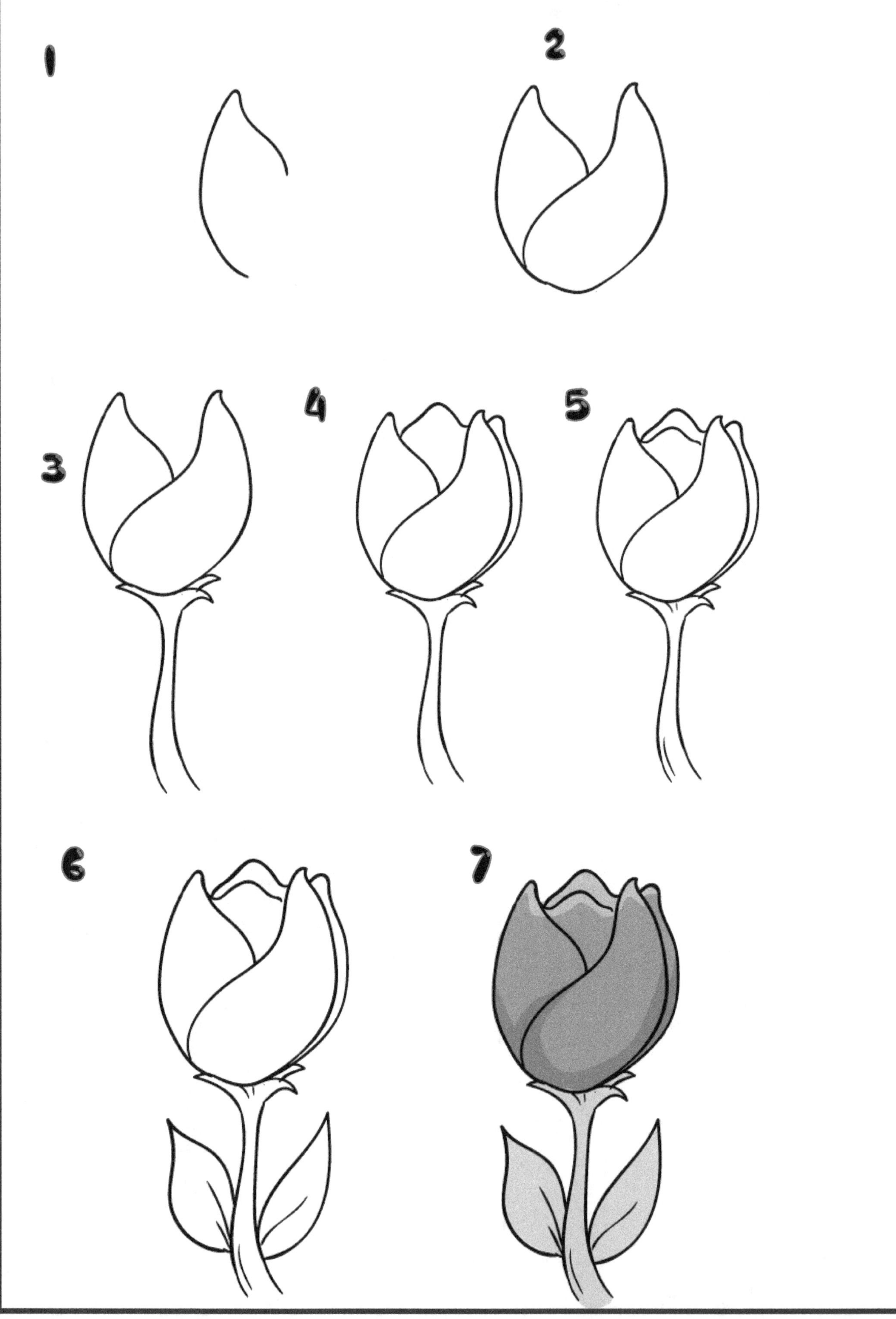

1
2
3
4
5
6
7

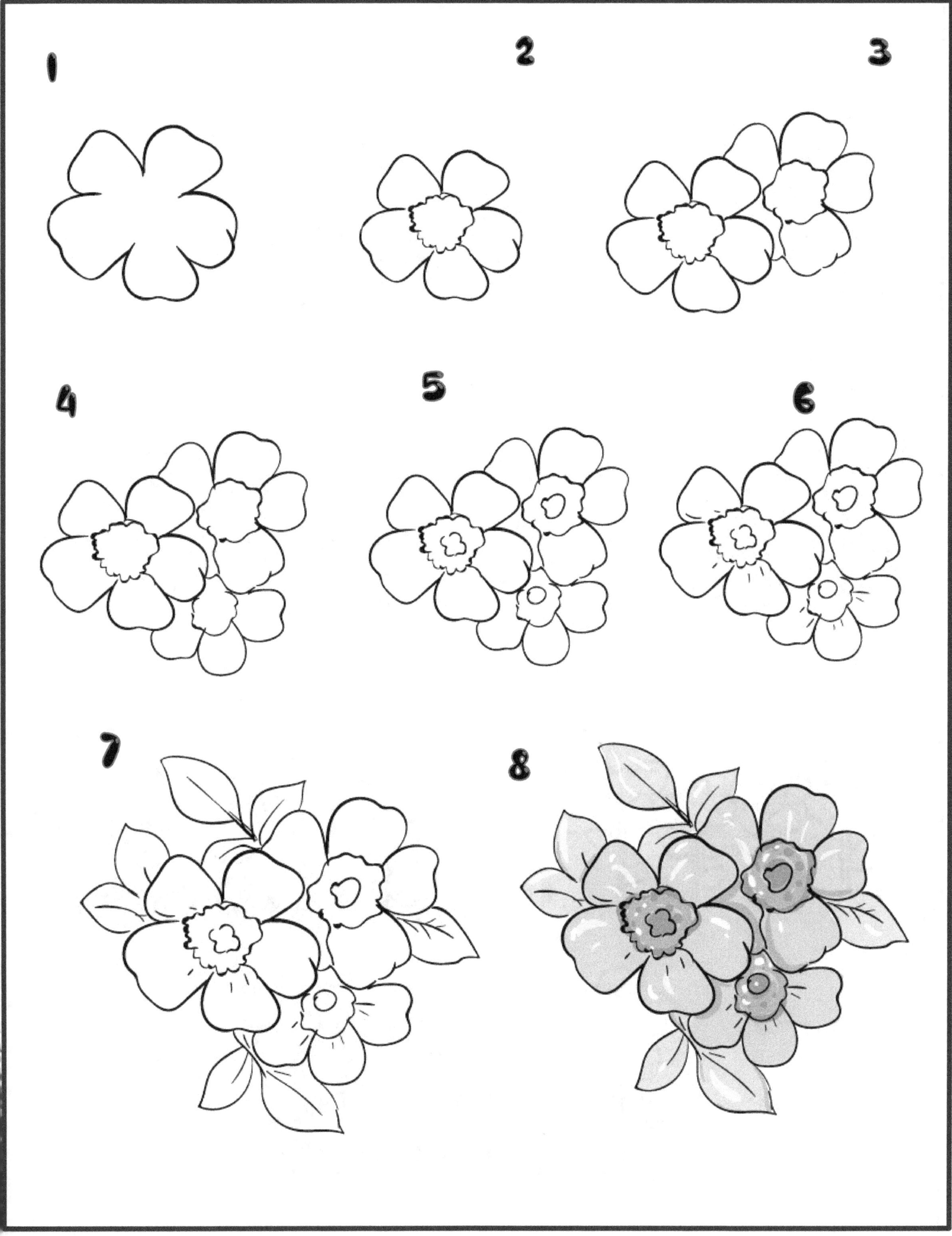

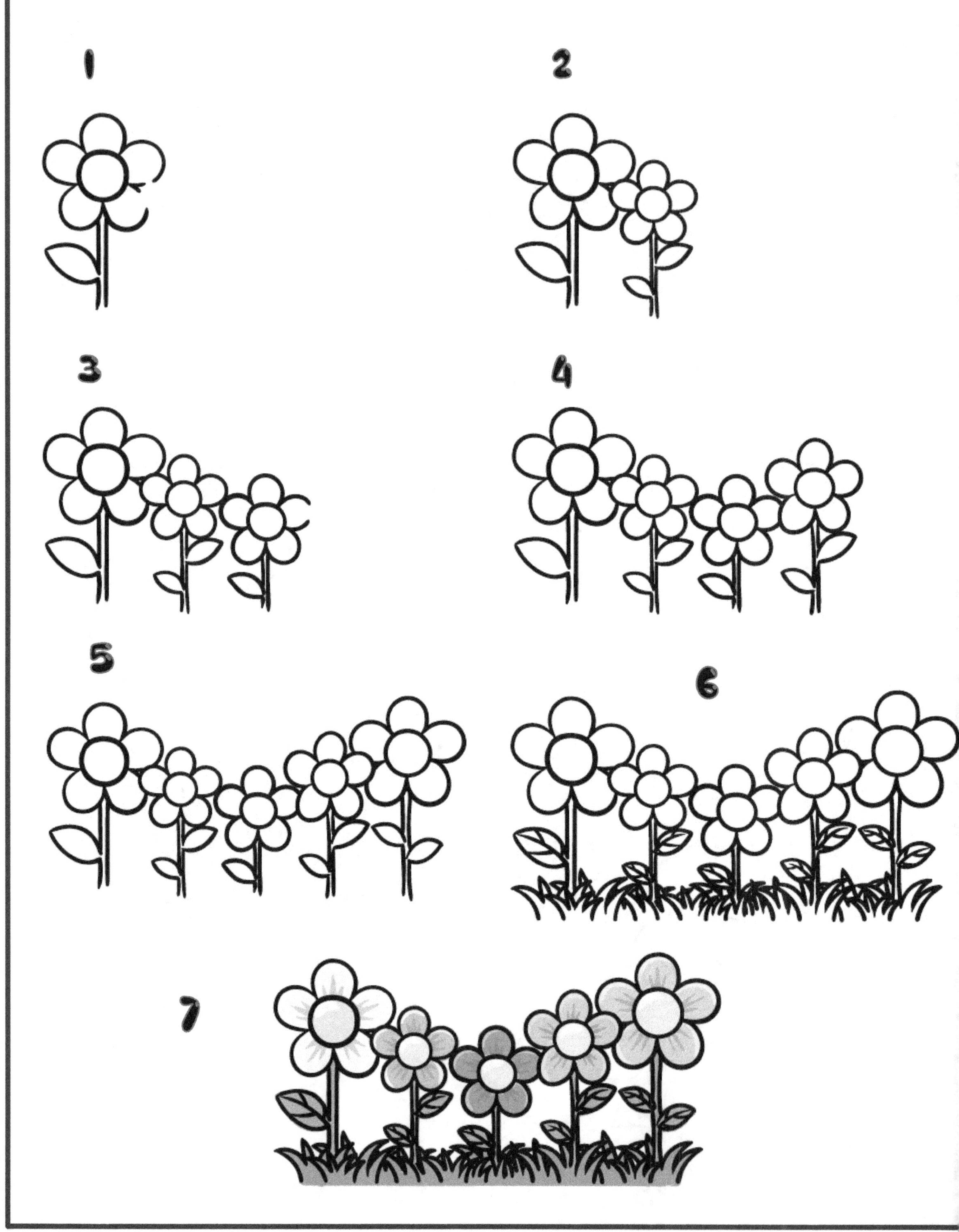

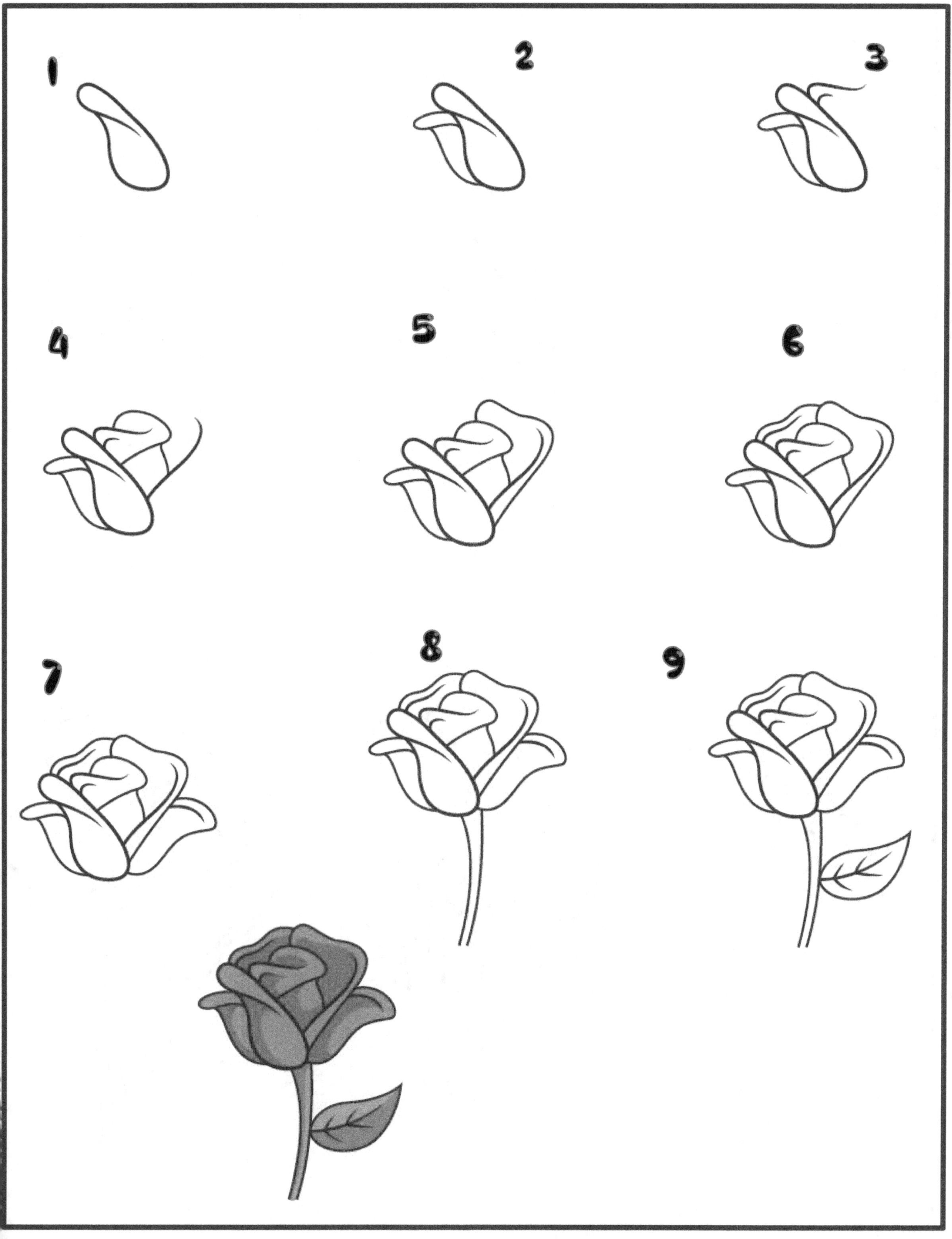

1
2
3
4
5
6
7
8
9

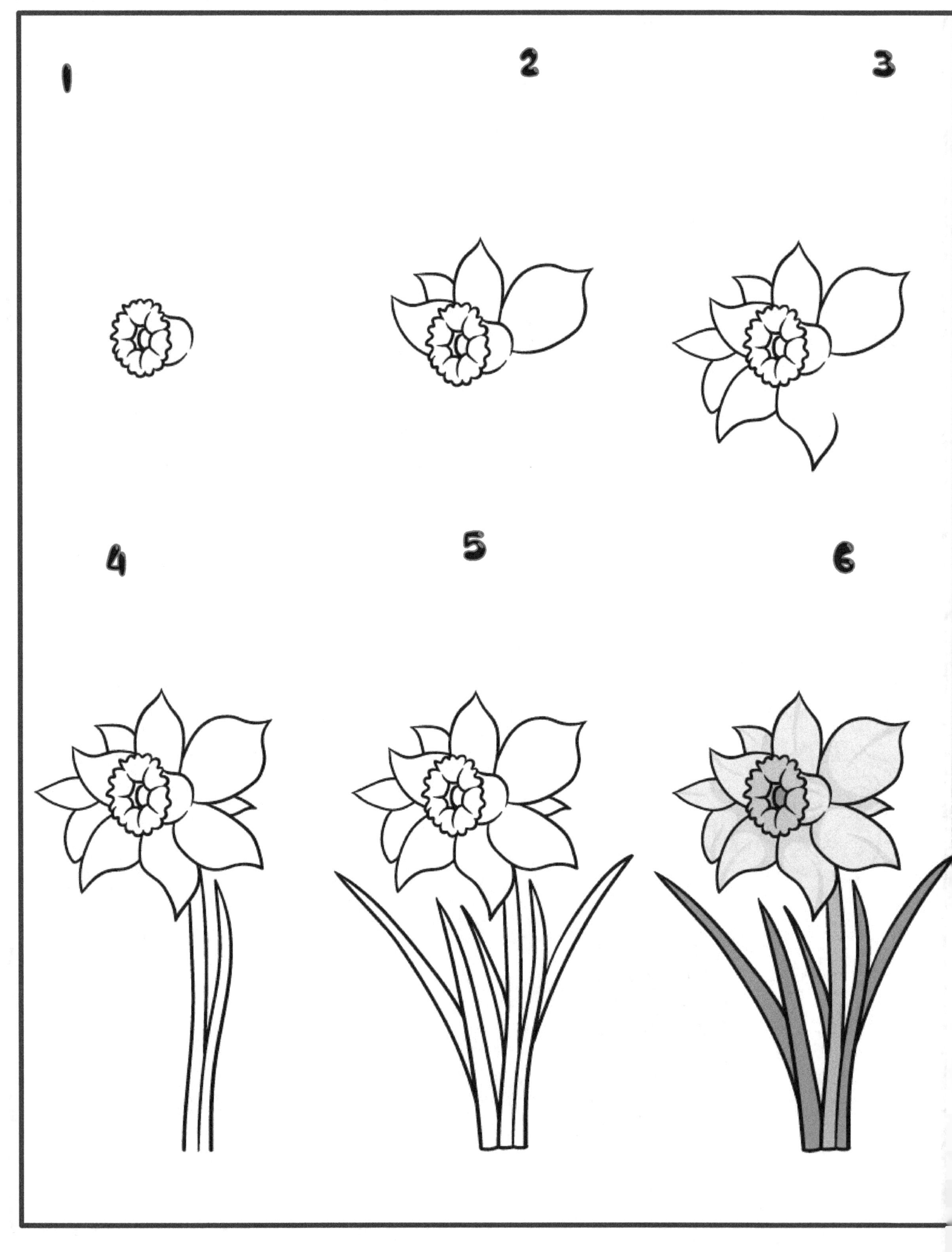

1
2
3
4
5
6

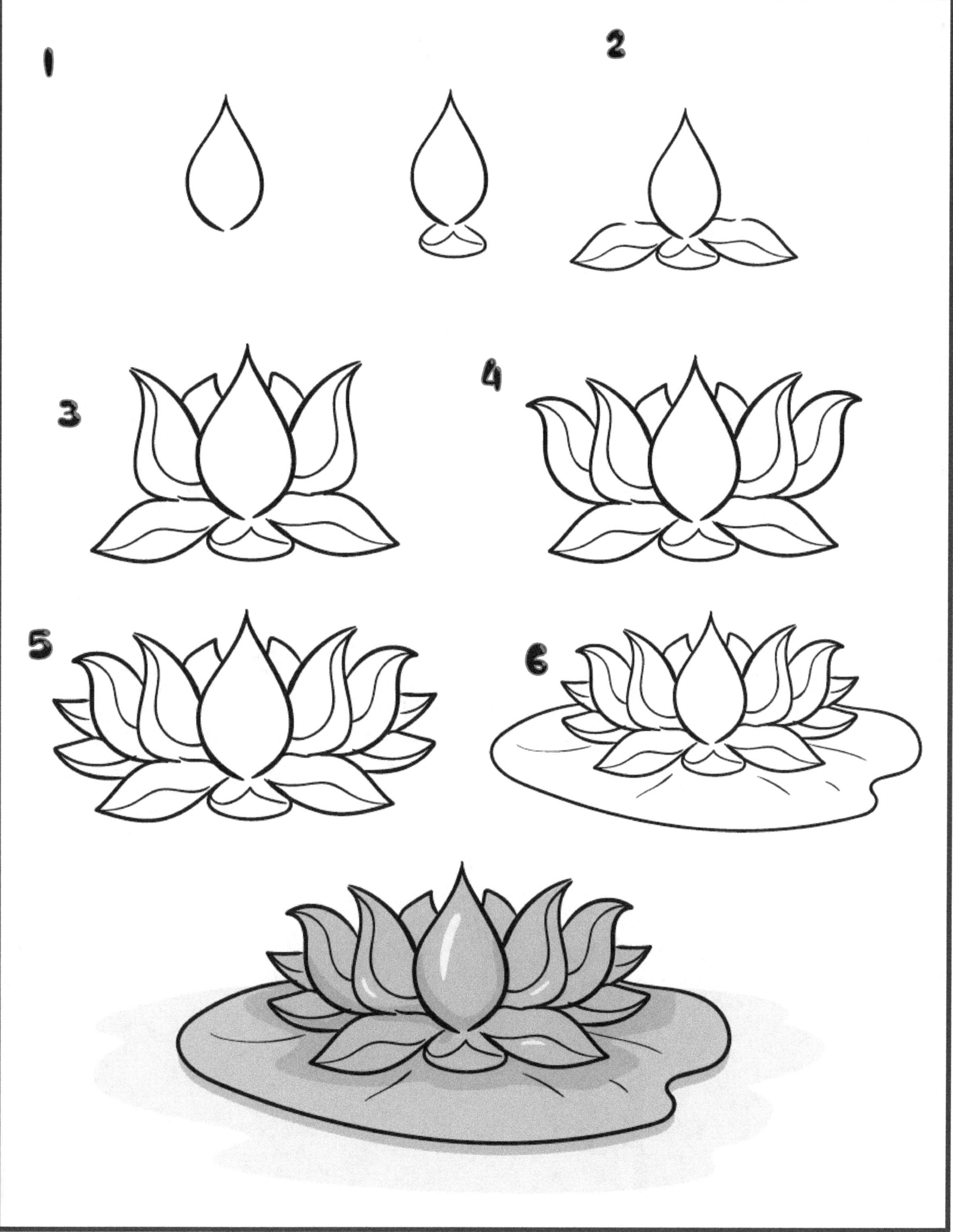

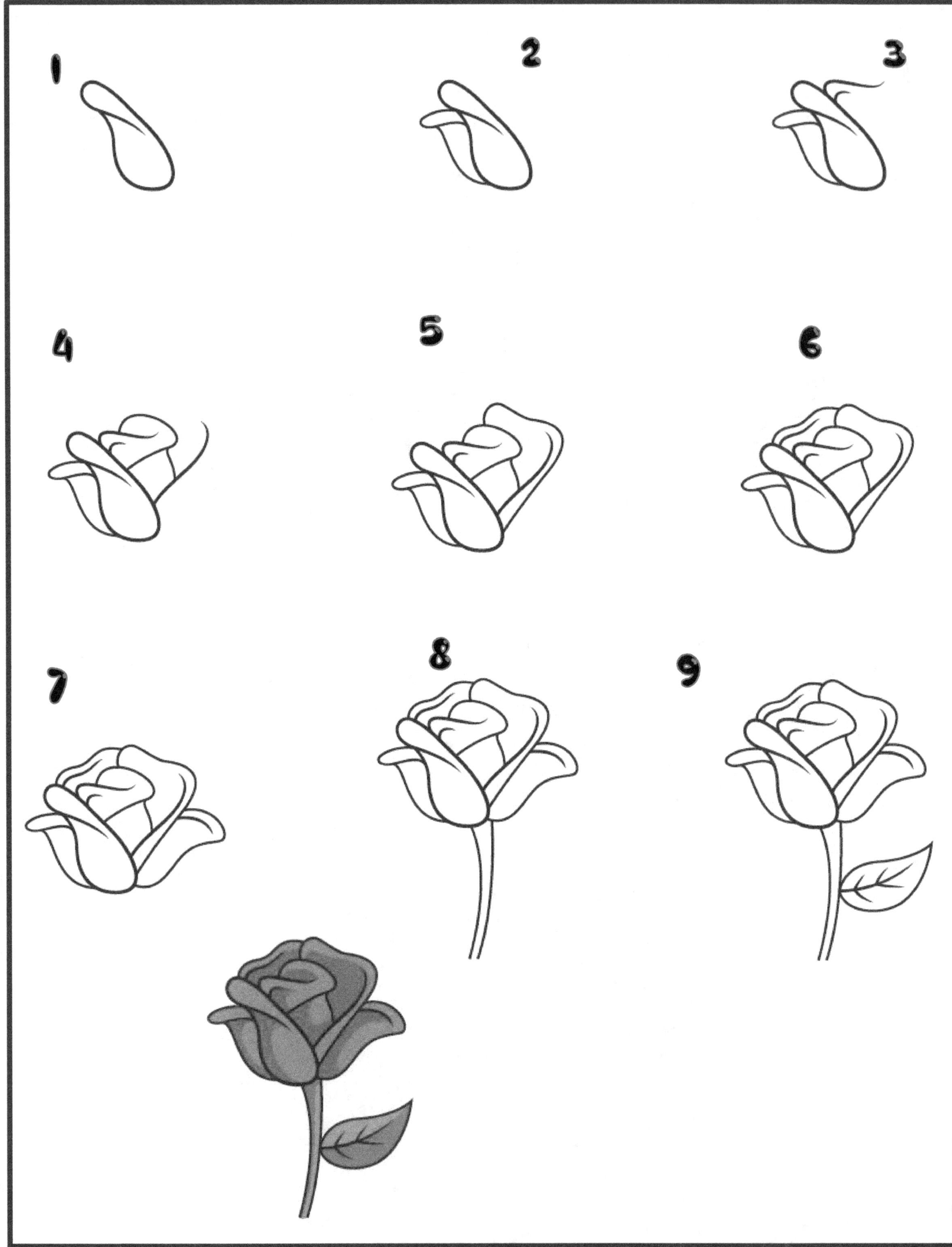

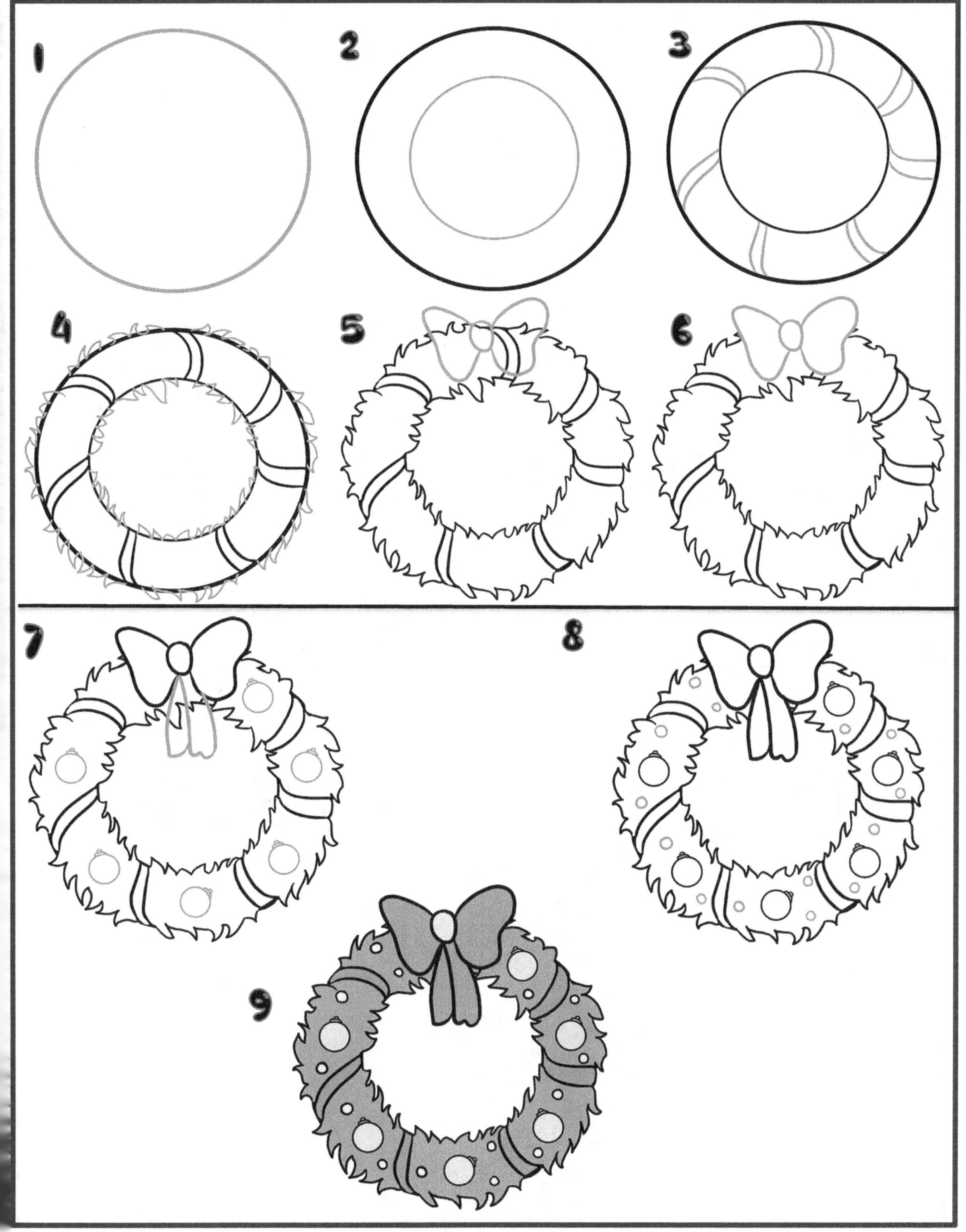

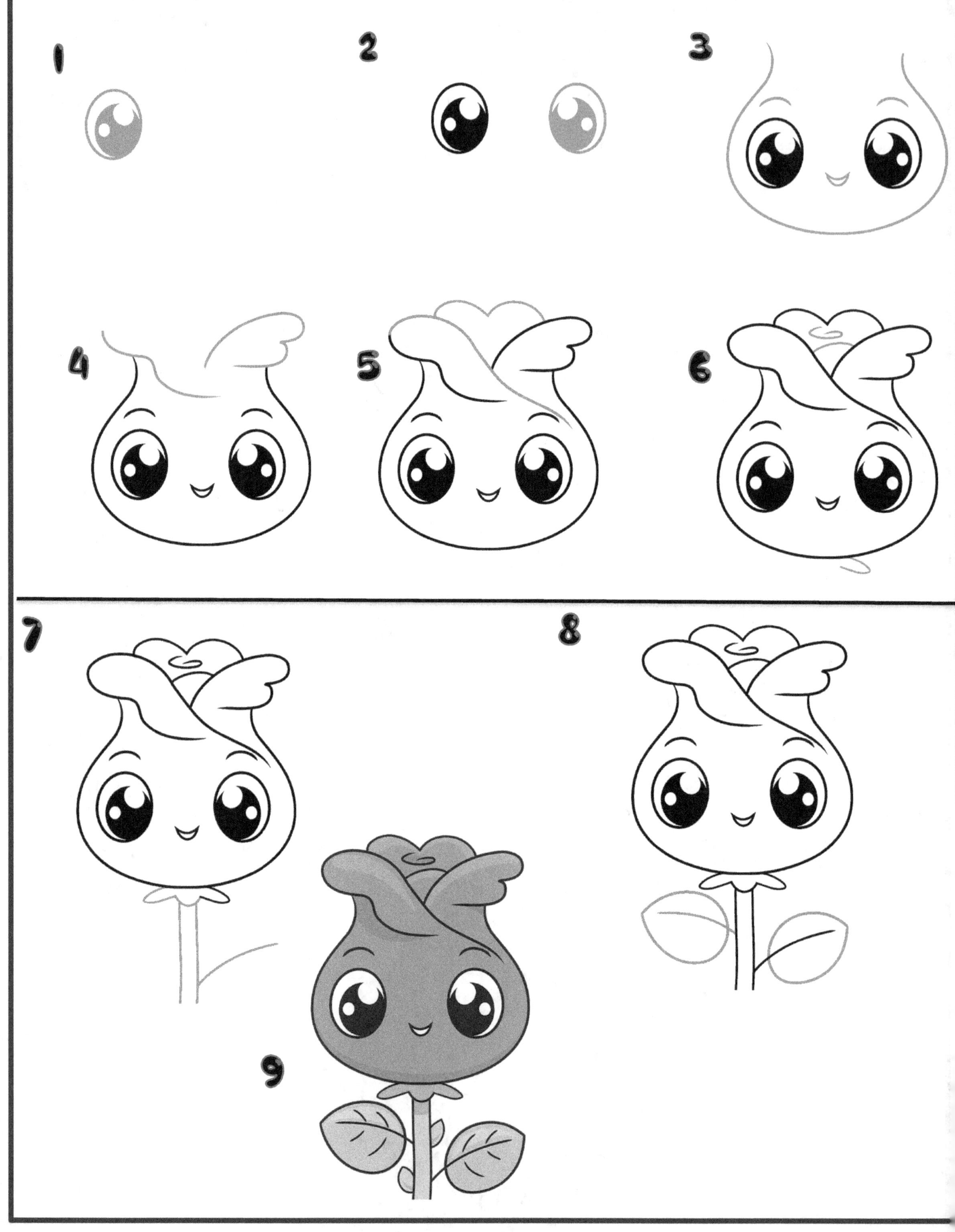

1
2
3
4
5
6
7
8
9

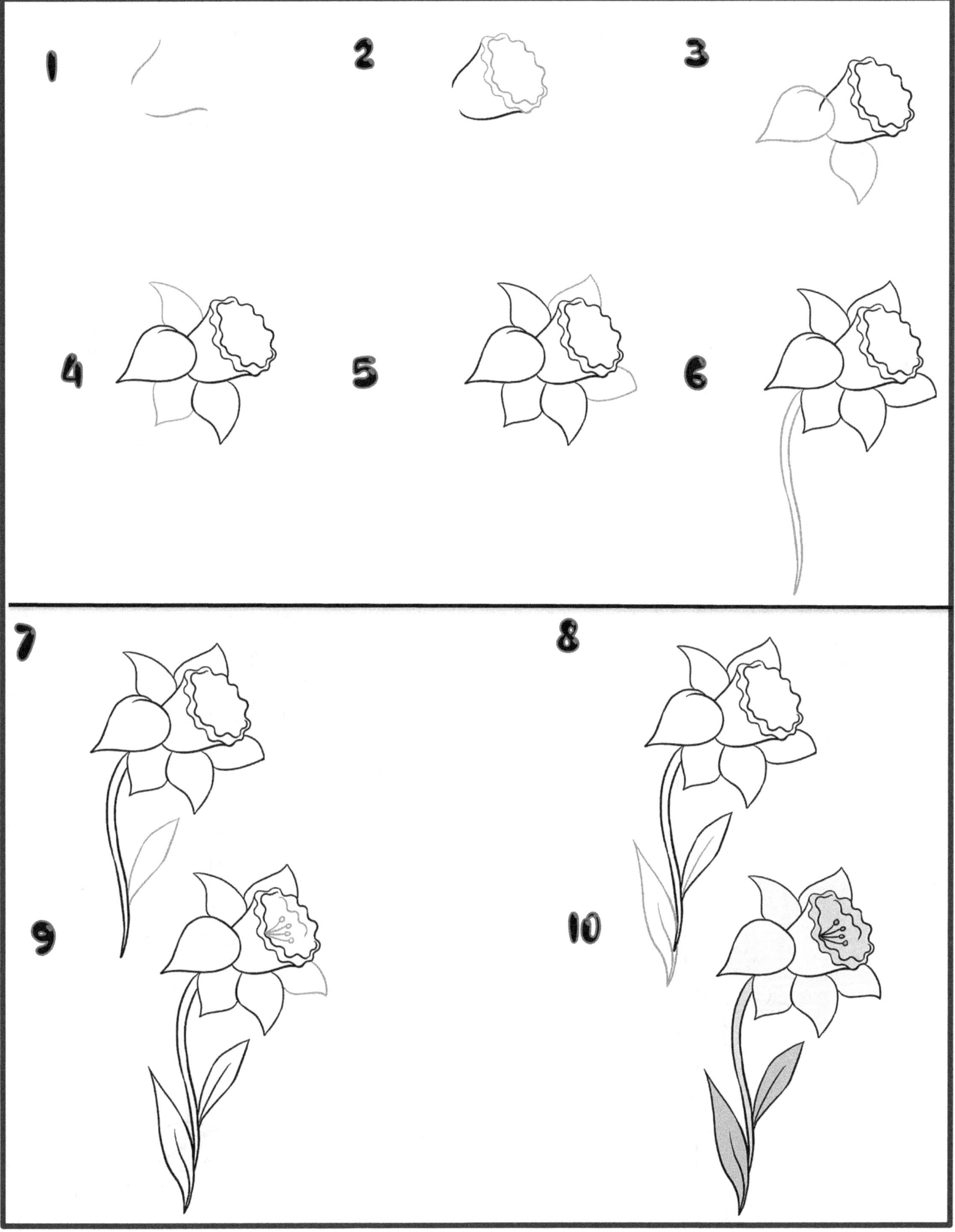

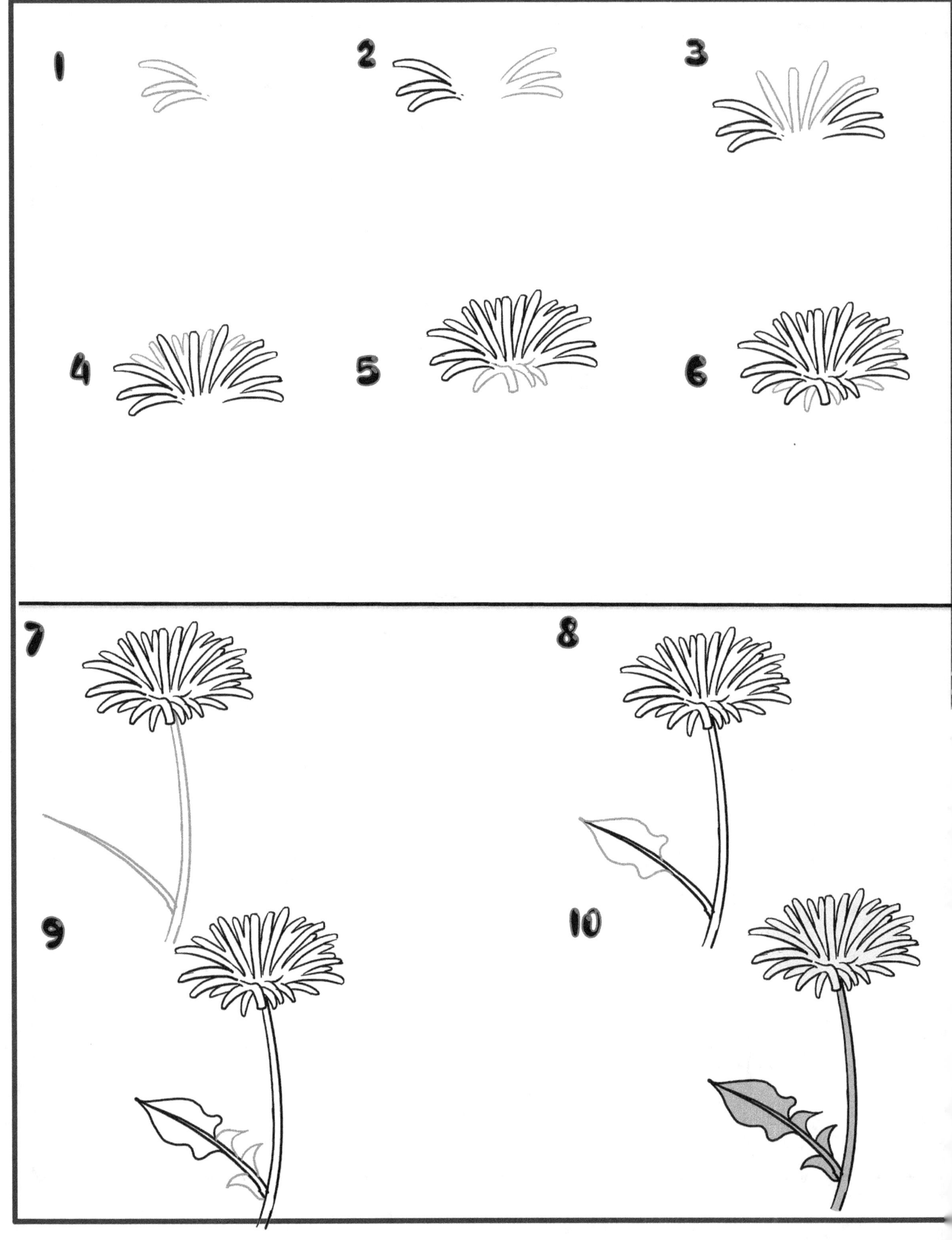

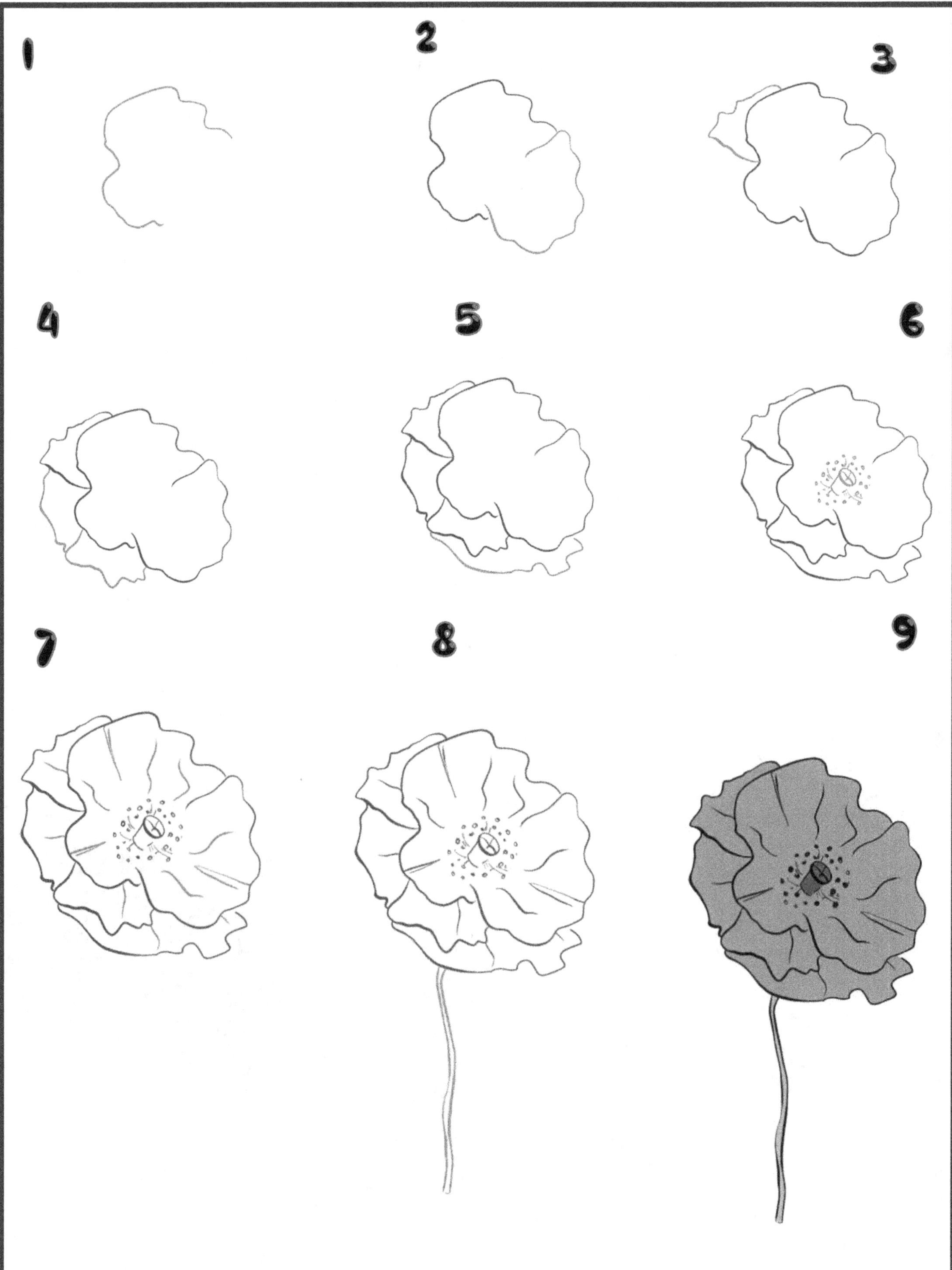

1
2
3
4
5
6
7
8
9

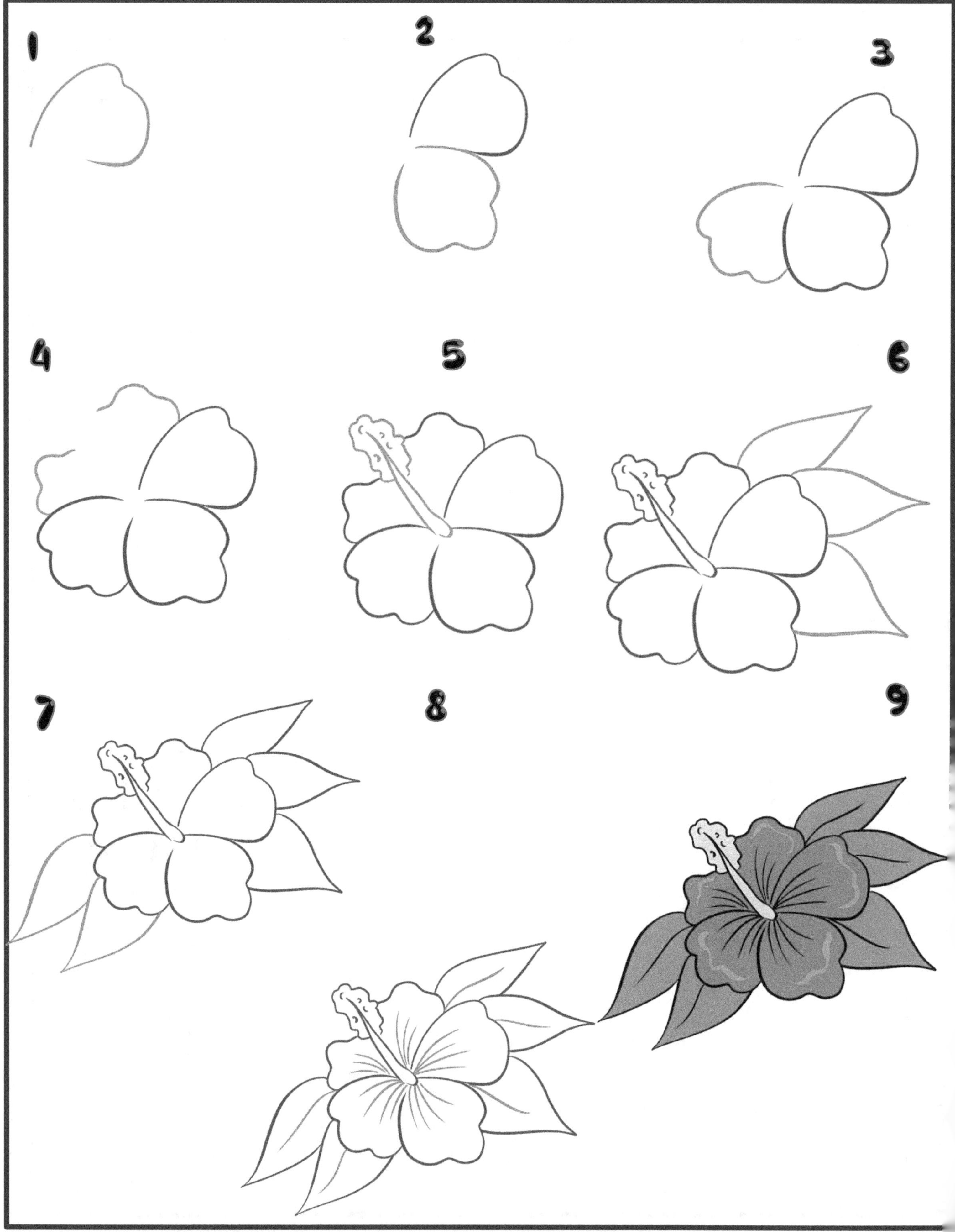

1
2
3
4
5
6
7
8
9

arte maria garcia

Grazie per aver acquistato questa copia.
Sono un editore esperto con una grande passione
per il mio mestiere e sono coinvolto nel settore
editoriale da oltre un decennio. La mia esperienza
sta nella creazione di libri unici e informativi che
incontrano gli interessi di bambini, giovani e adulti.
Il mio obiettivo principale è fornire
intrattenimento cartaceo di qualità a tutti,
promuovendo allo stesso tempo lo sviluppo
intellettuale dei giovani lettori. Credo fermamente
nel nutrire le giovani menti e sostenere il loro
sviluppo attraverso il potere della letteratura.
Spero sinceramente che abbiate apprezzato ogni
pagina di questo libro. I tuoi commenti e pensieri
sono molto importanti per noi. Quindi, per favore,
prenditi un momento e facci sapere cosa ne pensi su
Amazon.